**श्री श्री परमहंस योगानन्द**

(1893-1952)

गुरुदेव एवं संस्थापक

योगदा सत्संग सोसाइटी ऑफ़ इण्डिया/

सेल्फ़-रियलाइज़ेशन फ़ेलोशिप

# आध्यात्मिक दैनंदिनी

(Spiritual Diary)

प्रत्येक दिन के लिये एक प्रेरणाप्रद विचार

**श्री श्री परमहंस योगानन्द**

*तथा अन्य*

Yogoda Satsanga Society of India
FOUNDED 1917
Paramahansa Yogananda

Second Edition, 2008
Fifth Impression, 2019

योगदा सत्संग सोसाइटी ऑफ़ इण्डिया/
सेल्फ़-रियलाइज़ेशन फ़ेलोशिप का अधिकृत प्रकाशन

ऊपर दर्शाया गया योगदा सत्संग सोसाइटी ऑफ़ इण्डिया का नाम एवं प्रतीक चिन्ह योगदा सत्संग सोसाइटी के सभी प्रकाशनों एवं रिकॉर्डिंग पर मुद्रित रहते हैं, पाठक को यह आश्वासन देने के लिये कि अमुक कृति परमहंस योगानन्दजी द्वारा स्थापित संस्था से अभिहित हुई है तथा उनकी शिक्षाओं को विश्वसनीय रूप से प्रस्तुत करती है।

इस पुस्तक की ट्रेड ड्रैस (trade dress) सेल्फ़-रियलाइज़ेशन फ़ेलोशिप का ट्रेडमार्क है।

YOGODA SATSANGA SOCIETY OF INDIA
Yogoda Satsanga Math, 21, U. N. Mukherjee Road
Dakshineswar, Kolkata 700076
द्वारा भारत में प्रकाशित

Nutech Print Services, New Delhi 110020
द्वारा भारत में मुद्रित

ISBN 978-81-89535-56-8

वितरक :

जैको पब्लिशिंग हाउस मंजुल पब्लिशिंग हाउस

योगदा सत्संग सोसाइटी ऑफ़ इण्डिया, परमहंस योगानन्द पथ, राँची 834001, झारखण्ड तथा भारत में स्थित सभी योगदा सत्संग आश्रमों एवं ध्यान केन्द्रों में उपलब्ध।

# प्रकाशकीय वक्तव्य

प्रेरणाप्रद विचारों का यह संग्रह मुख्यतः श्री श्री परमहंस योगानन्द के लेखों से संकलित किया गया है। परमहंस योगानन्दजी ने 1917 में योगदा सत्संग सोसाइटी ऑफ़ इण्डिया तथा 1920 में अमेरिका में अंतर्राष्ट्रीय मुख्यालय के रूप में सेल्फ़ रियालाइज़ेशन फ़ेलोशिप की स्थापना की।

उनके जीवन का कार्य क्रियायोग के आध्यात्मिक विज्ञान का प्रसार करना था। क्रियायोग एक ध्यान प्रविधि है, जिसके द्वारा मनुष्य ईश्वर की प्रत्यक्ष अनुभूति कर सकता है। परमहंसजी ने स्पष्ट कर दिखाया कि भगवान् श्रीकृष्ण एवं जीसस क्राइस्ट की शिक्षायें तत्त्वतः एक ही हैं। उन्होंने सिखाया कि कृष्ण, क्राइस्ट और सभी ईश्वर-साक्षात्कारी संतों में प्रकट सर्वव्यापी कूटस्थ चैतन्य के साथ सचेत सम्पर्क करके, समस्त मानव-जाति ईश्वर के परमपितृत्व के अन्तर्गत सच्चे विश्वबंधुत्व को जान सकेगी। परमहंस योगानन्दजी ने हज़ारों आध्यात्मिक जिज्ञासु नर-नारियों को प्रत्यक्ष रूप से दिखाया कि कैसे वे क्रियायोग के माध्यम से उस सर्वव्यापी कूटस्थ चैतन्य के साथ सम्पर्क कर सकते हैं, जो 'विश्व का प्रकाश' है।

अपने लेखों में परमहंस योगानन्दजी ने योगदा सत्संग सोसाइटी ऑफ़ इण्डिया/सेल्फ़-रियलाइज़ेशन फ़ेलोशिप के महान् गुरुओं की परम्परा—महावतार बाबाजी, लाहिड़ी महाशय, स्वामी श्रीयुक्तेश्वरजी के अनेक विवरण विभिन्न स्थानों पर दिये हैं। योगदा सत्संग सोसाइटी की यह आध्यात्मिक दैनंदिनी इन अलौकिक महापुरुषों के अधरों से प्रवाहित ज्ञान के अनेक रत्नों से सम्पन्न है। परमहंस योगानन्दजी के दो अत्यंत उन्नत पाश्चात्य शिष्य श्री श्री राजर्षि जनकानन्द एवं श्री ज्ञानमाता के प्रवचनों एवं लेखों से भी कुछ चुने हुए प्रेरणात्मक अंश इसमें सम्मिलित किये गये हैं।

इस दैनंदिनी के उपयोगकर्ता को उसमें प्रत्येक दिन के लिये जिस विभूति का विचार दिया गया है उनका नाम एवं पुस्तक या अन्य प्रकाशन का नाम मिलेगा जहाँ से वह उद्धरण लिया गया है। जिनका वह उद्धरण हो, उनका स्रोत के रूप में बतलायी गयी पुस्तक या प्रकाशन का लेखक होना आवश्यक नहीं है। इसलिये पाठक की सुविधा एवं जानकारी के लिये पुस्तकों की सूची दैनंदिनी के अन्त में दी गयी है। इस दैनंदिनी में योगदा सत्संग पाठ, Para-grams, एवं योगदा सत्संग पत्रिका से भी उद्धरण लिये गये हैं। Para-grams, परमहंस योगानन्दजी के स्वतन्त्र रूप से छपे हुए छोटे-छोटे वचन हैं।

# प्रस्तावना

*श्री श्री दया माता*

योगदा सत्संग सोसाइटी ऑफ़ इण्डिया/
सेल्फ़-रियलाइज़ेशन फ़ेलोशिप की तृतीय अध्यक्ष एवं
आध्यात्मिक प्रमुख 1955 से 2010 में उनके ब्रह्मलीन होने तक

"क्योंकि जैसा वह अपने अंतर् में सोचता है, वैसा ही वह होता है" (प्रोवर्ब्स 23:7; बाइबिल)। इस विवेकोक्ति पर उस प्रत्येक व्यक्ति को ध्यान देना चाहिये जो स्वयं को सुधारना चाहेगा और जीवन के सर्वोच्च लक्ष्य—ईश्वर साक्षात्कार—को प्राप्त करने के लिये प्रयास करना चाहेगा। जिसके बारे में हम निरंतर सोचते रहते हैं, उसका प्रभाव हमारे स्वभाव पर पड़ता है। हमारे जीवन की परिस्थितियाँ, हमारी मनोवृत्तियाँ और आदतें, हमारी सफलतायें तथा असफलतायें, ये मुख्य रूप से हमारे विचारों से ही उत्पन्न होते हैं। वस्तुतः, मन की शक्ति ही सभी सृजन की मूल तथा संचालन करने वाली शक्ति है।

सकारात्मक, प्रेरणादायक विचारों पर मन को लगाये रखने का अभ्यास करने से, वह एक निश्चित तथा चिरकालिक उद्देश्य को प्राप्त करने के लिए अपनी शक्तियों को केन्द्रीकृत करने में मनुष्य की सहायता करती है। मैंने

अपने महान् गुरु श्री श्री परमहंस योगानन्दजी के मार्गदर्शन में वर्षों पहले इस आध्यात्मिक विज्ञान का प्रयोग करना सीखा। प्रतिदिन मनुष्य, सत्य के यदि एक पहलू को भी लेकर, उस पर ध्यान देने और उसके अनुसार जीने का प्रयास करे, तो उसके आंतरिक एवं बाह्य जीवन पर चमत्कारिक रूपान्तरक प्रभाव पड़ता है। सत्य के किसी एक मार्गदर्शक सूत्र पर मन को पहले स्थिर किये बिना दिन का आंरभ कभी न करें।

हम अपने भौतिक कर्त्तव्यों में आसानी से फँस जाते हैं, और आध्यात्मिक कर्त्तव्यों को भुला देते हैं। हम शरीर के लिये अत्यधिक परिश्रम करते हैं; परन्तु अपनी आत्मा के प्रति कर्त्तव्य को हम कहाँ तक निभाते हैं? हमारे भीतर जो ईश्वर का प्रतिरूप है वह परमात्मा के गुणों—अर्थात् शाश्वत जीवन, अनन्त दिव्य प्रेम और विवेक, अपार आनन्द—को प्रकट करने के लिये क्रन्दन करता है। जो कुछ ईश्वर है, जो कुछ भी ईश्वर का है, वह जन्मसिद्ध दिव्य अधिकार से हमारा होता है। इसे जानना ही आत्म-साक्षात्कार है।

इस आध्यात्मिक दैनंदिनी में वर्ष के प्रत्येक दिन के लिए आपके मार्गदर्शन हेतु प्रेरणादायक विचार हैं। आपके सभी प्रयासों में, भौतिक हो या आध्यात्मिक, यदि आप इन विचारों को प्रयोग में लायें, तो आपका हर कार्य दिव्य शक्ति से पूर्ण हो जाएगा। सत्य के बारे में सोचें, अच्छाई के बारे में सोचें, ईश्वर के बारे में सोचें। यदि आपका मन ईश्वर प्रकाश से आलोकित हो, तो आपके सामने कोई अन्धकार नहीं हो सकता।

# श्री श्री परमहंस योगानन्द की आध्यात्मिक विरासत

*उनके सभी लेख, व्याख्यान, तथा अनौपचारिक प्रवचन*

परमहंस योगानन्दजी अपनी शिक्षाओं के विश्वव्यापी प्रसार के लिये तथा भविष्य में आने वाली संततियों के लिये उनकी शुद्धता एवं सम्पूर्णता को परिरक्षित रखने के उद्देश्य से सन् 1917 में *योगदा सत्संग सोसाइटी ऑफ़ इण्डिया* की स्थापना की तथा तत्पश्चात् सन् 1920 में *सेल्फ़-रियलाइज़ेशन फ़ेलोशिप* की। अमेरिका में अपने प्रारम्भिक वर्षों से ही वे अनेक लेखों तथा व्याख्यानों की रचना करते आ रहे थे, और उन्होंने ध्यान के योग विज्ञान, सन्तुलित जीवन की कला, एवं सभी महान् धर्मों में अन्तर्निहित एकता पर विख्यात एवं बृहत् रचनाओं का सृजन किया। उनकी यह अद्वितीय एवं युग-युगान्तरकारी आध्यात्मिक विरासत आज भी चली आ रही है और विश्व भर के लाखों सत्यान्वेशियों को प्रेरणा प्रदान कर रही है।

महान् गुरुदेव की सुस्पष्ट इच्छाओं को ध्यान में रखते हुए *योगदा सत्संग सोसाइटी ऑफ़ इण्डिया/सेल्फ़-रियलाइज़ेशन फ़ेलोशिप* ने *परमहंस योगानन्द की सम्पूर्ण रचनाओं* के प्रकाशन एवं इनके सतत मुद्रण के कार्य के अविराम जारी रखा है। इनमें केवल उन सभी पुस्तकों के अन्तिम संस्करण ही सम्मिलित नहीं हैं जिनकी रचना उन्होंने अपने जीवनकाल में की थी, अपितु अनेक नयी रचनायें भी हैं—वे रचनायें जो 1952 में उनके देहवसान के समय तक प्रकाशित नहीं हो सकी थीं, अथवा जो *योगदा सत्संग सोसाइटी ऑफ़ इण्डिया/सेल्फ़-रियलाइज़ेशन फ़ेलोशिप* की पत्रिकाओं में अब तक एक अधूरे प्रारूप में ही क्रमानुसार प्रकाशित हो सकी थीं, तथा साथ ही ऐसे सैकड़ों गहन और प्रेरणास्पद व्याख्यान तथा अनौपचारिक सत्संग भी हैं जो उनके जीवनकाल में रिकॉर्ड तो किये गये थे किन्तु प्रकाशित नहीं हो सके थे।

परमहंस योगानन्दजी ने स्वयं अपने उन निकटतम शिष्यों को *योगदा सत्संग सोसाइटी ऑफ़ इण्डिया/सेल्फ़-रियलाइज़ेशन फ़ेलोशिप* के प्रकाशन परिषद के लिये चुना एवं प्रशिक्षित किया, जिन्हें उन्होंने अपनी शिक्षाओं के प्रस्तुतीकरण एवं प्रकाशन के लिये विशेष दिशानिर्देश दिये। *योगदा सत्संग सोसाइटी ऑफ़ इण्डिया/सेल्फ़-*

*रियलाइज़ेशन फ़ेलोशिप* के प्रकाशन परिषद के सदस्य (वे सभी संन्यासीगण जिन्होंने जीवन पर्यन्त संन्यास तथा निःस्वार्थ सेवा का संकल्प लिया है) इन दिशानिर्देशों का सम्मान एक पवित्र विश्वास के रूप में करते हैं, ताकि परमप्रिय जगद्गुरु का विश्वजनीन सन्देश अपनी मूल शक्ति एवं प्रामाणिकता के साथ बना रह सके।

*योगदा सत्संग सोसाइटी ऑफ़ इण्डिया/सेल्फ़-रियलाइज़ेशन फ़ेलोशिप* का प्रतीक चिन्ह् (जो पिछले पृष्ठ पर दर्शाया गया है) परमहंस योगानन्दजी ने अपनी शिक्षाओं के प्रसार के लिये स्थापित की गयी संस्था की पहचान करने के लिये स्वयं निर्धारित किया था। पाठक को यह आश्वासन देने के लिये कि अमुक कृति परमहंस योगानन्दजी द्वारा स्थापित संस्था से अभिहित हुई है तथा उनकी शिक्षाओं को ठीक उसी रूप में प्रस्तुत करती है जैसा कि वे चाहते थे, *योगदा सत्संग सोसाइटी ऑफ़ इण्डिया/सेल्फ़-रियलाइज़ेशन फ़ेलोशिप* का नाम तथा प्रतीक चिन्ह् सभी प्रकाशनों एवं रिकॉर्डिंग पर मुद्रित रहते हैं।

*—योगदा सत्संग सोसाइटी ऑफ़ इण्डिया/*
*सेल्फ़-रियलाइज़ेशन फ़ेलोशिप*

# इस आध्यात्मिक दैनंदिनी का उपयोग कैसे करें

इस दैनंदिनी का प्रयोजन आध्यात्मिक जीवन के आधार — आध्यात्मिक विचारधारा — के दैनिक मार्गदर्शन के लिये है। विशेष वार्षिक अवसरों के लिये प्रेरणाप्रद विचार उस अवसर की पारम्परिक तारीख में दिये गये हैं। जिस अवसर की तारीख प्रतिवर्ष बदलती रहती है (जैसे जन्माष्टमी) उसके संबंधित विचार जिस महीने में वह अवसर साधारणतया आता है, उस महीने के पहले एक स्वतन्त्र पृष्ठ पर दिया गया है।

प्रतिदिन प्रातः उस दिन के लिये दिया गया विचार पढ़िये। फिर शांत बैठकर उस विचार के अर्थ को आत्मसात् करने के लिये उस पर ध्यान कीजिये। अपने जीवन में उस विचार को किस तरह उतारा जा सकता है इस पर विचार कीजिये। जिस गहरी आध्यात्मिक अनुभूति एवं चेतना ने उन शब्दों को प्रकट किया है उसके साथ अपने मन को जोड़ने का प्रयास कीजिये।

दिनभर में जितनी बार हो सके, उस विचार को याद कीजिये — गहरी एकाग्रता के साथ उसे मन-ही-मन,

या अगर परिस्थितियाँ अनुकूल हों तो उच्च स्वर में दोहराइये। जितने अलग-अलग प्रकारों से आप कर सकते हैं, उतने प्रकारों से उस विचार को अपने लिये और दूसरों के लिये व्यावहारिक प्रयोग मे लाने का प्रयत्न कीजिये।

रात को सोने से पहले उस विचार को पुनः मन-ही-मन दोहराइये, और इस आध्यात्मिक दैनंदिनी में अपनी कुछ आध्यात्मिक टिप्पणियाँ तथा आत्मविश्लेषण लिखिये।

इस दैनंदिनी में दिये गये सत्यों पर लगातार गहन विचार करने से और प्रत्येक वचन के सन्देश को जीवन में उतारने का प्रयास करते रहने से आप अपनी चेतना एवं अपने दैनिक जीवन को सूक्ष्म स्तर पर बदलते देखेंगे। उचित विचारों से ही उचित कर्म उत्पन्न होते हैं। उचित कर्म आंतरिक शांति एवं चिरस्थायी सुख प्रदान करते हैं और कालान्तर में आपको आत्मज्ञान की ओर अग्रसर करते हैं।

नववर्ष के आगमन के साथ सीमितताओं के सभी बन्द द्वार खोल दिये जायेंगे, और उनसे होकर मैं और विशाल क्षेत्रों गें जाऊँगा, जहाँ मेरे जीवन के सार्थक स्वप्न पूरे होंगे।

*—श्री श्री परमहंस योगानन्द,*
*"योगदा सत्संग" पत्रिका*

नववर्ष में आपके लिये मेरी सबसे बड़ी इच्छा और प्रार्थना यही है कि आप अनुचित विचार एवं कार्य सम्बन्धी आदतों को त्याग दें। अपनी बुरी आदतों को नववर्ष में खींचकर न लायें। आपको उन्हें ढोने की आवश्यकता नहीं है। किसी भी क्षण आपको अपना नश्वर चोला त्यागना पड़ सकता है, और ये आदतें ग़ायब हो जायेंगी। इनका अब आपसे कोई सम्बन्ध नहीं है। इन्हें स्वीकार न करें! सभी निरर्थक विचारों और अतीत के दुःखों तथा बुरी आदतों को पीछे छोड़ दें। जीवन का नवनिर्माण करें!

*—श्री श्री परमहंस योगानन्द,*
*"योगदा सत्संग" पत्रिका*

आप जिन आदतों को नववर्ष में दूर करना चाहते हैं, उन्हें चुन लीजिये। उनके बारे में पक्का निश्चय कर लीजिये और अपने निर्णय पर दृढ़ बने रहिये। ईश्वर को अधिक समय देने का संकल्प लीजिये: प्रतिदिन नियमित ध्यान करना, और हर सप्ताह एक रात कई घण्टे ध्यान करना—ताकि आप ईश्वर में अपनी आध्यात्मिक प्रगति का अनुभव कर सकें। निश्चय कीजिये कि आप क्रियायोग का नियमित अभ्यास करेंगे तथा अपनी लालसाओं एवं भावनाओं को वश में रखेंगे। अपने स्वामी बनिये!

*—श्री श्री परमहंस योगानन्द*
*"मानव की निरन्तर खोज"*

अपनी आध्यात्मिक खोज की शुरुआत में, विभिन्न आध्यात्मिक पथ एवं गुरुओं की तुलना करना बुद्धिमानी है। परन्तु जब आप अपने लिये निर्दिष्ट सद्‌गुरु को पा लेते हैं, जिनकी शिक्षायें आपको दिव्य लक्ष्य तक पहुँचा सकती हैं, तब वह व्यग्र खोज बन्द हो जानी चाहिये। एक आध्यात्मिक तृष्णा वाले व्यक्ति को अनिश्चित रूप से नये कुओं की खोज नहीं करते रहना चाहिये; बल्कि उसे सबसे अच्छे कुएँ पर जाकर नित्य इसके जीवनदायी जल का पान करना चाहिये।

*—श्री श्री परमहंस योगानन्द,*
*योगदा सत्संग पाठ*

*श्री श्री परमहंस योगानन्द का जन्म दिवस*

यदि मैं आपसे नहीं मिलता हूँ, तो याद रखिये कि मैं आपके लिये किसी अन्य स्थान पर कार्यरत हूँ। मेरा आपसे सदा मिलते रहना ही आपकी सहायता करेगा यह आवश्यक नहीं है। आपको नियमित गहरा ध्यान करने से अधिक लाभ होगा। मैं यहाँ आपकी केवल इस जीवन में सहायता करने नहीं, बल्कि इसके उपरान्त भी सहायता करने के लिये आया हूँ।

*—श्री श्री परमहंस योगानन्द,*
*प्रवचन*

मुझे अपनी नाव चलानी है, कई बार,
मृत्योपरान्त खाड़ी के आर-पार,
और स्वर्ग में अपने स्थान से लौटकर आना है
भूलोक के किनारे पर।
अपनी नाव में मुझे भरना है
उन्हें, जो राह देख रहे हैं, जो प्यासे पीछे छूट
गये हैं,
और उन्हें ले जाना है उस रंगबिरंगे आनन्द
की नील पुष्करिणी पर
जहाँ मेरे परमपिता वितरित करते हैं,
अपनी सर्व-इच्छा-शामक तरल शान्ति।

*—श्री श्री परमहंस योगानन्द,*
*"मानव की निरन्तर खोज"*

हे मेरे गुरुदेव! यदि सब देवता मुझसे कुपित हो जायें, परन्तु आप मुझसे सन्तुष्ट हैं, तो मैं आपकी कृपा के दुर्ग में सुरक्षित हूँ। और यदि सब देवता मिलकर भी अपने आशीर्वादों की प्राचीर से मेरी रक्षा करें, और मुझे आपकी कृपा प्राप्त न हो, तो मैं आपकी अप्रसन्नता के खण्डहरों में आध्यात्मिक रूप से रोता-बिलखता एक अनाथ हूँ।

हे गुरुदेव! आपने ही मुझे भ्रम के जँजाल से बाहर निकालकर शान्ति के स्वर्ग में स्थापित किया है। दुःख की मेरी निद्रा अब समाप्त हुई, और जागृत हूँ मैं आनन्द में।

*—श्री श्री परमहंस योगानन्द,*
*"Whispers from Eternity"*

ईश्वर आपको चाहते हैं इसलिये मैं यहाँ आपके साथ हूँ, आपको "घर" वापस बुला रहा हूँ, जहाँ मेरे प्रियतम हैं, जहाँ भगवान् कृष्ण और क्राइस्ट तथा बाबाजी, लाहिड़ी महाशय, श्रीयुक्तेश्वरजी और अन्य सन्त हैं। "आओ," ईश्वर कह रहे हैं, "वे सब मुझमें आनन्द मना रहे हैं। संसार का कोई भी सुख—भोजन का स्वाद, फूलों का सौन्दर्य, सांसारिक प्रेम का क्षणभंगुर सुख—मेरे घर के दिव्य आनन्द के साथ तुलना नहीं कर सकता।" केवल एक ही सत्य है। वे हैं ईश्वर। अन्य सब कुछ भूल जायें।

*—श्री श्री परमहंस योगानन्द,*
*"परमहंस योगानन्द के वचनामृत"*

जब व्यक्ति को अपने गुरु मिल गये हों, तो उनके प्रति निशर्त भक्ति रखनी चाहिये, क्योंकि वे ईश्वर का माध्यम हैं। गुरु का एकमात्र उद्देश्य शिष्य को आत्म-साक्षात्कार प्रदान करना है; गुरु जो प्रेम शिष्य से प्राप्त करते हैं, उसे वे ईश्वर को दे देते हैं।

*—श्री श्री परमहंस योगानन्द,*
*"परमहंस योगानन्द के वचनामृत"*

जब मैं आपसे दूर होता हूँ तो मुझे कभी आपकी कमी महसूस नहीं होती, क्योंकि आन्तरिक रूप से अब आप सदा मेरे साथ रहते हैं, और आगे भी सदा ही रहेंगे। चाहे हम यहाँ रहें या मृत्यु के द्वारों के परे चले जायें, हम ईश्वर में सदा ही एक साथ रहेंगे।

*—श्री श्री परमहंस योगानन्द,*
*एक शिष्य-मण्डली को उपदेश*

गुरु के बिना साधारण भक्त ईश्वर को प्राप्त नहीं कर सकता। ईश्वर प्राप्ति के लिये 25% ध्यान प्रविधियों का निष्ठापूर्ण अभ्यास, 25% गुरु का आशीर्वाद, तथा 50% ईश्वर की कृपा चाहिये। यदि आप अन्त तक अपने प्रयासों में दृढ़ रहें, तो ईश्वर आपको अवश्य दर्शन देंगे।

*—श्री श्री परमहंस योगानन्द,*
*"योगदा सत्संग पत्रिका"*

सच्चा शिष्य अपने गुरु के हर आदेश का निर्विवाद रूप से पालन करता है क्योंकि गुरु ज्ञान एवं पवित्रता की मूर्ति होते हैं।

*—श्री श्री परमहंस योगानन्द,*
*"योगदा सत्संग पत्रिका"*

यदि हम अपनी इच्छा-शक्ति को एक ऐसे गुरु के ज्ञान द्वारा निर्देशित होने देंगे, जिनकी इच्छा ईश्वर की इच्छा के साथ समस्वर है, तो ऐसे गुरु हमारी इच्छा को इस प्रकार मार्गदर्शित करने का प्रयास करते हैं, कि हम देवत्व की ओर जाने वाले पथ पर तीव्र गति से अग्रसर हो सकें। एक सांसारिक मनुष्य और एक सन्त के बीच मुख्य अन्तर यही है कि सन्त ने अपनी इच्छा को ईश्वर की इच्छा के साथ समस्वर कर लिया है।

*—श्री श्री राजर्षि जनकानन्द,*

*"Rajarsi Janakananda: A Great Western Yogi"*

कभी-कभी शिष्यगण मुझसे कहते हैं: "अमुक व्यक्ति मेरी अपेक्षा बेहतर आध्यात्मिक प्रगति कर रहा है। क्यों?" मैं उत्तर देता हूँ: "वह सुनना जानता है।" सभी धर्मों की आचार संहिताओं में दिये गये सरल उपदेशों का मनोयोग से श्रवण कर सभी लोग अपने जीवन को परिवर्तित करने में समर्थ हो सकते हैं। अधिकांश मनुष्यों के हृदयों में स्थित अहंकार का पाषाण केन्द्र ही उन्हें युग-युगान्तर के ज्ञान को ध्यानपूर्वक सुनने से रोकता है।

*—श्री श्री परमहंस योगानन्द,*
*"God Talks With Arjuna: The Bhagavad Gita"*

गुरु के ज्ञान के साथ तादात्म्य स्थापित करने के लिये उनकी आज्ञा का पालन करना नितान्त आवश्यक है। ईश्वर प्राप्त गुरु की इच्छा का पालन करना दासत्व नहीं है क्योंकि उनकी इच्छा स्वतन्त्रता एवं मुक्ति प्रदान करती है। सच्चे गुरु ईश्वर के दास होते हैं जो आपकी मुक्ति के लिये ईश्वर की योजनाओं को कार्यान्वित करते हैं। इसे समझ लें, तो आप हमेशा आज्ञापालन करेंगे जब तक कि आपको ब्रह्म में पूर्ण मुक्ति नहीं मिल जाती।

*—श्री श्री परमहंस योगानन्द,*
*"योगदा सत्संग पत्रिका"*

भगवत्प्राप्ति के बिना आप स्वतन्त्र नहीं हैं। आपका जीवन आवेगों, मानसिक उतार-चढ़ाव, मनोवृत्तियों, आदतों और वातावरण के अधीन है। एक सद्‌गुरु के उपदेश का पालन और उनके अनुशासन को स्वीकार कर आप इन्द्रियों की दासता से धीरे-धीरे छुटकारा पा लेंगे।

*—श्री श्री परमहंस योगानन्द,*
*"परमहंस योगानन्द के वचनामृत"*

जो मेरे साथ तादात्म्य बनाये रखते हैं उनमें ईश्वर के प्रति प्रेम के बीज बोना मेरे लिये सुगम हो जाता है। जो मेरी इच्छाओं का पालन करते हैं वे वास्तव में मेरी नहीं बल्कि मुझमें स्थित परमपिता की इच्छाओं का पालन करते हैं। ईश्वर मनुष्य से प्रत्यक्ष रूप से बात नहीं करते, बल्कि उसके लिये गुरु एवं उनकी शिक्षाओं के माध्यम का उपयोग करते हैं।

*—श्री श्री परमहंस योगानन्द,*
*"योगदा सत्संग पत्रिका"*

बड़े-से-बड़े महात्मा भी अपने गुरुओं की बात विनम्रता से सुनते हैं, क्योंकि यही धर्माचरण का तरीका है।

*—श्री श्री परमहंस योगानन्द,*
*"योगदा सत्संग पत्रिका"*

जब आप किसी काम को करने के इच्छुक नहीं होते, तब आप शुरू से ही थकान का अनुभव करते हैं, और जब उसे करने के इच्छुक होते हैं तब आप शक्ति से भरे रहते हैं। सदा इच्छापूर्वक कार्य करें और आप पायेंगे कि आप सदा ईश्वर की अदम्य शक्ति से परिपूर्ण हैं।

*—श्री श्री परमहंस योगानन्द,*
*"योगदा सत्संग पत्रिका"*

प्रगति का एक रहस्य आत्म-विश्लेषण है। आत्मनिरीक्षण वह दर्पण है जिसमें आप अपने मन के उन कोनों में झाँक सकते हैं जो अन्यथा आप से छुपे रह जायेंगे। अपनी असफलताओं का निदान करें और अपनी अच्छी व बुरी प्रवृत्तियों को अलग करें। आप क्या हैं, क्या बनना चाहते हैं और कौन-सी कमियाँ आपको रोक रही हैं—इसका विश्लेषण कीजिये।

*—श्री श्री परमहंस योगानन्द,*
*"सफलता का नियम"*

प्रत्येक व्यक्ति को निष्पक्ष रूप से अपना आत्म-विश्लेषण करना सीखना चाहिये। अपने विचारों एवं आकांक्षाओं को प्रतिदिन लिखते रहिये। पता लगायें कि आप क्या हैं, न कि आप अपने बारे में क्या कल्पना करते हैं! क्योंकि आप स्वयं को वह बनाना चाहते हैं जो आपको होना चाहिये। अधिकांश लोग इसलिये नहीं बदलते क्योंकि वे अपनी त्रुटियों को नहीं देख पाते।

*—श्री श्री परमहंस योगानन्द,*
*"मानव की निरन्तर खोज"*

आपको जैसा होना चाहिये एवं आप जैसा होना चाहते हैं, स्वयं को वैसा बनाने के लिये कठिन प्रयास करें। जैसे ही आप अपने मन को ईश्वर पर एकाग्र करेंगे और उनकी इच्छा के साथ स्वयं को समस्वर कर लेंगे, आप निश्चित रूप से अपने पथ पर अधिकाधिक प्रगति करेंगे।

*—श्री श्री परमहंस योगानन्द,*
*"सफलता का नियम"*

मानसिक दैनंदिनी रखना अच्छी बात है। रात में सोने से पहले थोड़ी देर के लिये बैठो और उस दिन पर पुनर्विचार करो। देखो कि तुम क्या बनते जा रहे हो। क्या तुम अपने जीवन के प्रवाह से प्रसन्न हो? यदि नहीं, तो इसे बदल डालो।

*—श्री श्री परमहंस योगानन्द,*
*"परमहंस योगानन्द के वचनामृत"*

अनेक व्यक्ति अपनी भूलों की तो अनदेखी करते रहते हैं लेकिन दूसरे व्यक्तियों को बड़ी कठोरता से परखते हैं। हमें इस दृष्टिकोण को पलट कर दूसरों की कमियों को अनदेखा करके अपनी त्रुटियों की कठोरतापूर्वक जाँच करनी चाहिये।

*—श्री श्री परमहंस योगानन्द,*
*"सफलता का नियम"*

जो कुछ भी आप अनुभव करते हैं, उससे संबंधित स्पन्दन आपके अन्तर् में विद्यमान होता है। जो दूसरों में बहुत जल्दी बुराई देखता है स्वयं उसके भीतर उस बुराई का बीज विद्यमान होता है। पवित्र एवं उच्च स्पन्दनात्मक स्तर का देवतुल्य व्यक्ति जिसके भी सम्पर्क में आता है, उसमें विद्यमान ईशस्फुलिंग के प्रति सदा सचेत रहता है; और उसकी आत्मा का चुम्बकीय स्पन्दन, उन सबमें स्थित उस स्पन्दनात्मक शक्ति को अधिक तीव्र कर देता है, जो भी उसके स्पन्दनात्मक प्रभावक्षेत्र में आते हैं।

*—श्री श्री परमहंस योगानन्द,*
*योगदा सत्संग पाठ*

यदि आप पाते हैं कि आप प्रतिदिन अधिकाधिक चिड़चिड़े, जिद्दी होते जा रहे हैं और आपको गपशप करने में आनन्द आता है, तो समझ लीजिये कि आप प्रगति पथ पर पीछे की ओर जा रहे हैं। इसकी सबसे उत्तम परीक्षा यह है कि आप आत्म-विश्लेषण करके देखें कि क्या आप कल की अपेक्षा आज अधिक आनन्दित हैं? यदि आप अनुभव करते हैं कि आप आज अधिक सुखी हैं, तो आप प्रगति कर रहे हैं; तथा आनन्द की यह भावना बनी रहनी चाहिये।

*—श्री श्री परमहंस योगानन्द,*
*योगदा सत्संग पाठ*

प्रायः दूसरों का विश्लेषण करना और उन्हें व्यक्तित्व के अनुसार वर्गीकृत करना सरल होता है। सच्ची ईमानदारी के साथ उसी विश्लेषण के प्रकाश में स्वयं को देखना प्रायः कठिन मालूम पड़ता है। परन्तु आपको ठीक यही करना है ताकि आपको पता चल सके कि कहाँ सुधार या परिवर्तन करने की आवश्यकता है। अपने व्यक्तित्व को अच्छी तरह पहचानने का एक उद्देश्य यह जानना है कि आप दूसरों को किस तरह प्रभावित करते हैं। जाने-अनजाने में लोग आपके व्यक्तित्व का अनुभव करते हैं, और उनकी प्रतिक्रिया ही इसका संकेत है।

*—श्री श्री परमहंस योगानन्द,*
*योगदा सत्संग पाठ*

अपने भीतर झाँकें। याद रखें अनन्त-तत्त्व सर्वत्र व्याप्त है। अधिचैतन्य में गहरा गोता लगाकर, आप द्रुत गति से अपने मन को अनन्तता से होकर ले जा सकते हैं; मन की शक्ति द्वारा आप दूरस्थ तारे से भी आगे जा सकते हैं। मन रूपी प्रकाशपुंज (searchlight), अपने अधिचैतन्य की किरणों को सत्य के अन्तरतम हृदय में फेंकने में पूरी तरह सक्षम है। ऐसा करने के लिये इसका उपयोग करें।

*—श्री श्री परमहंस योगानन्द,*
*"मानव की निरन्तर खोज"*

जब आप कुछ ग़लत करते हैं, तब आप इस बात को जानते हैं। आपका सम्पूर्ण अस्तित्व आपसे कहता है, और यह अनुभूति ईश्वर की वाणी है। यदि आप ईश्वर की बात पर ध्यान नहीं देते, तो वे चुप हो जाते हैं; परन्तु जब आप आध्यात्मिक रूप से जागेंगे, वे पुनः आपका मार्गदर्शन करेंगे। वे आपके अच्छे एवं बुरे सभी विचारों और कार्यों को देखते हैं, पर आप चाहे जो भी करें, आप सदा ही उनकी सन्तान रहेंगे।

*—श्री श्री परमहंस योगानन्द,*
*योगदा सत्संग पाठ*

जब कोई परिस्थिति मुझे अत्यधिक कठिन प्रतीत होती है और मैं उससे बचने के लिये मानसिक रूप से कोई रास्ता ढूँढ़ने का प्रयत्न करती हूँ, तब मैं सदा इस सत्य को याद करती हूँ। मैं तब विचार करती हूँ: "मैं पलायन कर रही हूँ, विजय प्राप्त नहीं कर रही।"

—*श्री ज्ञानमाता,*
*"God Alone: The Life and Letters of a Saint"*

अन्तरात्मा की वाणी, जो कि ईश्वर की वाणी है, का सदा अनुसरण करके आप एक सच्चे चरित्रवान् व्यक्ति, एक उच्च कोटि के आध्यात्मिक व्यक्ति, शान्ति के एक मसीहा बन सकते हैं।

*—श्री श्री परमहंस योगानन्द,*
*प्रवचन*

जीवन का आनन्द लेना अच्छा है; सुख का रहस्य किसी भी वस्तु से आसक्त न होने में है। फूल की सुगन्ध का आनन्द लीजिये, परन्तु उसमें ईश्वर को देखिये। मैंने इन्द्रियों की चेतना को केवल इसीलिये रखा है कि उनके उपयोग में मैं सदा ईश्वर का चिंतन तथा उनकी अनुभूति कर सकूँ। "मेरी आँखें सर्वत्र आपके सौन्दर्य को देखने के लिये बनाई गयी हैं। मेरे कान आपकी सर्वव्यापी वाणी को सुनने के लिये बनाये गये हैं।" यही योग है, परमात्मा से मिलन। ईश्वर को पाने के लिये जंगल में जाने की आवश्यकता नहीं है। हम जहाँ भी जायेंगे सांसारिक आदतें हमारे साथ चिपकी रहेंगी जब तक कि हम स्वयं को उनसे मुक्त नहीं कर लेते। योगी ईश्वर को अपने हृदय की गुफ़ा में ढूँढ़ना सीखता है। वह जहाँ भी जाता है, अपने साथ प्रभु की उपस्थिति की आनन्दमय चेतना को साथ लिये जाता है।

*—श्री श्री परमहंस योगानन्द,*
*"मानव की निरन्तर खोज"*

फल की इच्छा के बिना कर्म में संलग्न रहना सच्चा त्याग है। ईश्वर ही दिव्य त्यागी हैं, वे आसक्ति के बिना ब्रह्माण्ड के सभी कार्यों को करते हैं। जो भी आत्म-साक्षात्कार चाहता है—वह चाहे संन्यासी हो या गृहस्थ—उसे प्रभु की सृष्टि के नाटक में भावनात्मक रूप से लिप्त हुए बिना, केवल उनके लिये ही कार्य करना एवं जीना चाहिये।

*—श्री श्री परमहंस योगानन्द,*
*"God Talks With Arjuna: The Bhagavad Gita"*

संतों ने अनासक्ति पर बल दिया है जिससे कि सांसारिक आसक्ति का एक प्रबल कारक परमात्मा के पूर्ण साम्राज्य को प्राप्त करने में हमारे लिये बाधा न बन सके। संन्यास का अर्थ सब कुछ त्यागना नहीं, बल्कि अक्षय आनन्द के लिये तुच्छ भोग-विलास का त्याग है।

*—श्री श्री परमहंस योगानन्द,*
*"ईश्वर से वार्तालाप की विधि"*

त्याग लक्ष्य नहीं, बल्कि लक्ष्य को प्राप्त करने का एक साधन है। सच्चा त्यागी वही है जो सर्वप्रथम ईश्वर के लिये जीता है, चाहे उसके जीवन का बाह्य स्वरूप कुछ भी हो। ईश्वर से प्रेम करना तथा उन्हें प्रसन्न करने के लिये जीना—यही महत्त्व रखता है। जब आप यह करेंगे, आप प्रभु को जान जायेंगे।

*—श्री श्री परमहंस योगानन्द,*
*"मानव की निरन्तर खोज"*

हृदय से सब कुछ त्याग दीजिये और यह बोध कीजिये कि आप इस जटिल ब्रह्माण्डीय चलचित्र में एक भूमिका मात्र निभा रहे हैं, एक ऐसी भूमिका, जिसका देर-सवेर अन्त होना ही है। तब आप उसे एक स्वप्न की भाँति भूल जायेंगे। हमारा परिवेश हमारी इस वर्तमान भूमिका एवं हमारी वर्तमान समस्याओं के महत्त्व का हममें भ्रम निर्मित करता है। इस ऐहिक चेतना से ऊपर उठिये। अपने अन्तर् में ईश्वर के बोध को इस प्रकार स्थापित कर लीजिये, कि वे आपके जीवन को प्रभावित करने वाले एकमात्र तत्त्व बन जायें।

*—श्री श्री परमहंस योगानन्द,*

*"Rajarsi Janakananda: A Great Western Yogi"*

आलसी मनुष्य को कभी ईश्वर नहीं मिलते। खाली दिमाग शैतान का घर बन जाता है। परन्तु जो कर्मफल की इच्छा के बिना जीविका के लिये कर्म करते हैं और एकमात्र ईश्वर को चाहते हैं वे ही सच्चे त्यागी हैं।

*—श्री श्री परमहंस योगानन्द,*
*"परमहंस योगानन्द के वचनामृत"*

त्याग उस भक्त द्वारा अपनाया गया बुद्धिमत्तापूर्ण मार्ग है जो स्वेच्छा से श्रेष्ठतर के लिये तुच्छ का त्याग कर देता है। वह शाश्वत आनन्द के लिये क्षणभंगुर इन्द्रिय-सुखों का त्याग कर देता है। त्याग अपने आप में एक लक्ष्य नहीं है, परन्तु यह आत्मा के गुणों की अभिव्यक्ति का मार्ग प्रशस्त करता है। किसी को भी तितिक्षा की कठोरता से भयभीत नहीं होना चाहिये; इसके द्वारा प्राप्त आध्यात्मिक आशीर्वाद महान् और अतुलनीय होते हैं।

*—श्री श्री परमहंस योगानन्द,*
*"God Talks With Arjuna: The Bhagavad Gita"*

यदि कभी किसी ऐसी वस्तु के लिये मेरी कोई छोटी-सी भी मानव-सुलभ इच्छा होती जिसे मैं नहीं पा सकती थी, तो तत्क्षण ही मेरी आत्मा में यह प्रश्न उठता, "तुम यहाँ [गुरु के आश्रम में] क्यों आई हो?" सदा यही उत्तर होता, 'केवल ईश्वर के लिये' और एक पल में ही मेरी दृष्टि पुनः पारदर्शी एवं स्पष्ट हो जाती। यह मेरे शिष्यत्व का अचल, अटल सत्य रहा है।

—*श्री ज्ञानमाता,*
*"God Alone : The Life and Letters of a Saint"*

त्याग नकारात्मक नहीं, बल्कि सकारात्मक होता है। यह दुःख के अतिरिक्त और किसी वस्तु का त्याग नहीं है। व्यक्ति को त्याग को बलिदान का रास्ता नहीं मानना चाहिये। बल्कि यह तो एक दिव्य निवेश है जिसके द्वारा हमारे आत्मसंयम रूपी कुछ ही पैसे, लाखों आध्यात्मिक रुपये उत्पन्न करेंगे। अपने क्षणिक दिनों रूपी स्वर्णमुद्राओं को अनन्तता की प्राप्ति के लिये खर्च करना क्या बुद्धिमानी नहीं है?

*—श्री श्री परमहंस योगानन्द,*
*"परमहंस योगानन्द के वचनामृत"*

प्रभु चाहते हैं कि हम इस मायामय जगत् से बाहर निकलें। वे हमारे लिये रोते हैं क्योंकि वे जानते हैं कि हमारे लिये मुक्त होना कितना कठिन है। परन्तु आपको केवल इतना याद रखना है कि आप उनकी सन्तान हैं। स्वयं पर तरस न खायें। ईश्वर आपसे उतना ही प्रेम करते हैं, जितना वे श्रीकृष्ण और जीसस से करते हैं। आपको उनके प्रेम की खोज करनी चाहिये, क्योंकि इसमें शाश्वत मुक्ति, अनन्त आनन्द, एवं अमरत्व निहित है।

*—श्री श्री परमहंस योगानन्द,*
*"The Divine Romance"*

अनन्त परमेश्वर के साथ की प्रेमलीला ही सर्वोच्च है। आपको कल्पना भी नहीं है कि जीवन कितना सुन्दर हो सकता है। जब आप अचानक ईश्वर को सर्वत्र पाते हैं, जब वे आपको दर्शन देते हैं और आपसे बातें करते हैं और आपका मार्गदर्शन करते हैं, तब ईश्वरीय प्रेमलीला शुरु हो जाती है।

*—श्री श्री परमहंस योगानन्द,*
*"मानव की निरन्तर खोज"*

ईश्वर का प्रेम ही एकमात्र सत्य है। हमें ईश्वर के इस प्रेम का अनुभव करना ही होगा—इतना महान्, इतना आनन्ददायी कि मैं इसकी महानता का वर्णन करना शुरू भी नहीं कर सकता! संसार में लोग सोचते हैं, "मै यह करता हूँ, मुझे इसमें आनन्द आता है।" फिर भी, वे जो कुछ भी कर रहे हैं या जिसमें भी आनन्द ले रहे हैं उस सबका अन्त निश्चित है। परन्तु ईश्वर के जिस प्रेम और आनन्द का अनुभव मैं करता हूँ, उसका कोई अन्त नहीं है। एक बार इसका स्वाद लेने के बाद इसे कोई भी नहीं भूल सकता; यह इतना अद्वितीय है कि कोई भी यह नहीं चाहेगा कि कुछ और इसका स्थान ले। हम सब को वास्तव में जो चाहिये वह ईश्वर का प्रेम ही है। और यह आपको प्राप्त होगा जब आप गहरा आत्मानुभव प्राप्त करेंगे।

*—श्री श्री राजर्षि जनकानन्द,*

*"Rajarsi Janakananda : A Great Western Yogi"*

ईश्वर आपसे यह नहीं कहेंगे कि आपको अन्य सभी वस्तुओं से अधिक उन्हें पाने की इच्छा करनी चाहिये, क्योंकि वे चाहते हैं कि आप स्वेच्छापूर्वक, बिना "प्रोत्साहन" के अपना प्रेम दें। इस संसार की लीला का यही एकमात्र रहस्य है। जिन्होंने हमें जन्म दिया है, वे हमारे प्रेम के लिये आतुर हैं। वे चाहते हैं कि हम उन्हें अपना प्रेम स्वेच्छापूर्वक, बिना उनके माँगे दें। हमारा प्रेम ही एक ऐसी वस्तु है जो ईश्वर के पास नहीं है—जब तक कि हम स्वयं ही उन्हें यह अर्पित न करें। अतः आप देखिये, कि ईश्वर को भी किसी वस्तु को प्राप्त करना है : हमारा प्रेम। और इसे उन्हें अर्पित किये बिना हम कदापि सुखी नहीं होंगे।

*—श्री श्री परमहंस योगानन्द,*
*"ईश्वर से वार्तालाप की विधि"*

प्रभु अंतरंगों में अंतरंग तथा प्रियतमों में प्रियतम हैं। उनसे वैसा ही प्रेम करो, जैसा एक कंजूस धन से करता है, जैसा एक उत्कट प्रेमी अपनी प्रेमिका से तथा, एक डूबता हुआ मनुष्य श्वास से प्रेम करता है। जब तुम्हारे हृदय में ईश्वर के लिये तीव्र तड़प होगी, वे तुम्हारे पास आ जायेंगे।

*—श्री श्री परमहंस योगानन्द,*
*"परमहंस योगानन्द के वचनामृत"*

मेरे सब प्रश्नों के उत्तर मुझे मनुष्य द्वारा नहीं, बल्कि ईश्वर द्वारा प्राप्त हुए हैं। वे हैं, वे हैं। यह उनकी चेतना है जो मेरे माध्यम से आपसे बातें करती है। यह उनका प्रेम है जिसके बारे में, मैं बोलता हूँ। रोमांच-पर-रोमांच! सुखद बयार की तरह उनका प्रेम आत्मा पर छाता है। दिन और रात, सप्ताह-दर-सप्ताह, वर्ष-दर-वर्ष वह बढ़ता ही रहता है—आप नहीं जानते कि उसका अन्त कहाँ है। और ठीक यही आप सब खोज रहे हैं, आपमें से प्रत्येक। आप सोचते हैं कि आपको मानव प्रेम और समृद्धि चाहिये, परन्तु इनके पीछे आपके परमपिता ही हैं जो आपको बुला रहे हैं। आप यदि यह बोध कर लें कि ईश्वर अपने सब उपहारों से कहीं अधिक श्रेष्ठ हैं, तो आप उन्हें पा लेंगे।

*—श्री श्री परमहंस योगानन्द,*

*"The Divine Romance"*

ईश्वर के लिये इस तरह प्रेम विकसित कीजिये कि मैं आपकी आँखें देखकर ही जान लूँ कि आप प्रभु के नशे में धुत्त हैं, न कि यह पूछ रहे हैं, "मुझे ईश्वर कब मिलेंगे?" जब आप ऐसा पूछते हैं तो आप भक्त नहीं हैं। भक्त तो कहता है: "ईश्वर मेरे साथ हैं, वे मुझे सुन रहे हैं, मेरे प्रियतम सदा मेरे साथ हैं। वही मेरे हाथों को चला रहे हैं; वही मेरे भोजन का पाचन कर रहे हैं; वही सितारों के द्वारा मुझे निहार रहे हैं।"

*—श्री श्री परमहंस योगानन्द,*
*प्रवचन*

यदि अंधकार में मन विचलित न हो, यदि प्रेम और ललक कभी क्षीण न हो, तब जाकर आपने स्वयं को सिद्ध किया है कि आपमें वास्तव में ईश्वर के प्रति प्रेम है।

*—श्री ज्ञानमाता,*

*"God Alone : The Life and Letters of a Saint"*

जब प्रभु ने आदेश दिया : "तुम मेरे सिवा किसी देवता को नहीं मानोगे। तुम कोई मूर्ति नहीं बनाओगे," (एग्ज़ॉडस 20:3 4, बाइबिल), तो वे कहना चाहते थे कि हम सृष्टि की वस्तुओं को स्रष्टा से अधिक महत्त्व न दें। प्रकृति, परिवार, मित्र, कर्त्तव्य एवं सम्पत्ति के प्रति हमारे प्रेम को हमें हृदय में सर्वोच्च स्थान नहीं देना चाहिये। वह स्थान ईश्वर का है।

*—श्री श्री परमहंस योगानन्द,*
*"परमहंस योगानन्द के वचनामृत"*

ईश्वर का प्रेम इतना महान् है कि हम चाहे कैसी भी भूलें करें, वे हमें क्षमा कर देते हैं। यदि हम अपने पूर्ण हृदय से उनसे प्रेम करें तो वे हमारे कर्म मिटा देते हैं।

*—श्री श्री परमहंस योगानन्द,*
*"योगदा सत्संग पत्रिका"*

जब अन्य सभी आपको ग़लत समझ बैठते हैं, तब ईश्वर ही आपको ठीक-ठीक समझते हैं। वे एकमात्र प्रेमी हैं जो सदा आपको चाहते हैं, चाहे आपकी जो भी ग़लतियाँ हों। दूसरे लोग कुछ समय के लिये आपको स्नेह देकर फिर आपका साथ छोड़ देते हैं, परन्तु प्रभु आपका कभी त्याग नहीं करते।

ईश्वर प्रतिदिन अनेक प्रकार से आपका प्रेम माँग रहे हैं। आपके मना करने पर वे आपको दण्ड तो नहीं देते, परन्तु आप स्वयं को दण्ड देते हैं। आप पाते हैं कि "जो ईश्वर को धोखा देता है, सब वस्तुयें उसे धोखा देती हैं।"

*—श्री श्री परमहंस योगानन्द,*
*"परमहंस योगानन्द के वचनामृत"*

ईश्वर के प्रेम का वर्णन नहीं किया जा सकता। परन्तु जब हृदय को पवित्र तथा स्थिर किया जाता है, इसका अनुभव किया जा सकता है। जैसे-जैसे मन और भावनाओं को अन्तर्मुखी किया जाता है, आप उनके आनन्द का अनुभव करना शुरु करते हैं। विषय सुख स्थायी नहीं रहते; परन्तु ईश्वर का आनन्द चिरस्थायी है। यह अतुलनीय है!

*—श्री श्री परमहंस योगानन्द,*
*"The Divine Romance"*

गर्व अंधा करने वाला है, यह महान् आत्माओं की विशालता की दृष्टि से हमें वंचित रखता है। विनम्रता वह खुला द्वार है जिससे होकर ईश्वर की दया एवं शक्ति की दिव्य बाढ़, ग्रहणशील आत्माओं में प्रेमपूर्वक प्रवाहित होती है।

*—श्री श्री परमहंस योगानन्द,*
*योगदा सत्संग पाठ*

विनम्रता इस बात का बोध करने से प्राप्त होती है कि ईश्वर कर्त्ता हैं, आप नहीं। ऐसा जान लेने पर आप किसी भी उपलब्धि पर गर्व कैसे कर सकते हैं? निरन्तर यह सोचते रहिये कि जो कुछ भी आप कर रहे हैं, वह आपके माध्यम से ईश्वर के द्वारा किया जा रहा है।

*—श्री श्री परमहंस योगानन्द,*
*"योगदा सत्संग पत्रिका"*

## 24 फरवरी — विनम्रता

सबसे महान् पुरुष वह है, जो स्वयं को सबसे छोटा मानता है, जैसा जीसस ने सिखाया है। सच्चा नायक तह है जिसने पहले दूसरों की आज्ञा का पालन करना सीखा है, जो स्वयं को सबका सेवक समझता है तथा जो स्वयं को कभी भी उच्चासन पर नहीं रखता। जो चापलूसी पसन्द करते हैं, वे हमारी प्रशंसा के योग्य नहीं हैं; परन्तु जो हमारी सेवा करता है, वह हमारे प्रेम का अधिकारी है। क्या ईश्वर अपनी सन्तान के सेवक नहीं हैं; और क्या वे प्रशंसा की माँग करते हैं? नहीं, वे इतने महान् हैं कि इससे प्रभावित नहीं होते।

*—श्री श्री परमहंस योगानन्द,*
*"परमहंस योगानन्द के वचनामृत"*

जीवन में यदि आप का काम साधारण है तो इसके लिये खेद न करें। इस पर गर्व का अनुभव कीजिये क्योंकि आप परमपिता द्वारा आपके लिये नियत कर्त्तव्य को पूर्ण कर रहे हैं। वे आपको आपके विशेष स्थान पर ही चाहते हैं; सभी लोग एक ही भूमिका नहीं निभा सकते। जब तक आप ईश्वर को प्रसन्न रखने के लिये काम करते हैं, सारी ब्रह्माण्डीय शक्तियाँ सामंजस्यपूर्ण ढंग से आपकी सहायता करेंगी।

*—श्री श्री परमहंस योगानन्द,*
*"सफलता का नियम"*

अल्प ज्ञान खतरनाक होता है, क्योंकि ग़लत रूप से यह मानकर कि जैसा वह *समझता* है वैसा ही वह है, भक्त वृथाभिमानी व आत्म-सन्तुष्ट हो सकता है। एक कहावत है घमण्डी का सर नीचा। आत्मश्लाघा से ग्रसित व्यक्ति आगे प्रयास करना बंद कर सकता है।...केवल वही जो अहंभाव से मुक्त है, आध्यात्मिकता में अधिकाधिक धनवान बनता जाता है, जब तक वह ईश्वर से एकरूप नहीं हो जाता।

*—श्री श्री परमहंस योगानन्द,*

*"God Talks With Arjuna: The Bhagavad Gita"*

विनम्रता एक विवेकशील हृदय की अभिव्यक्ति है, तथा दूसरों द्वारा अनुसरण किये जाने के लिये महानता का उदाहरण स्थापित करती है।

*—श्री श्री परमहंस योगानन्द,*
*योगदा सत्संग पाठ*

घमण्ड के पर्वत शिखरों पर ईश्वर की करुणावृष्टि एकत्र नहीं हो सकती, लेकिन विनम्रता की घाटियों में सहज ही प्रवाहित होती है।

*—श्री श्री परमहंस योगानन्द,*
*"परमहंस योगानन्द के वचनामृत"*

हे सृष्टि के निर्माता! आपके स्वप्नों के उद्यान में मुझे एक दीप्तिमान पुष्प बनायें। या मैं आपके प्रेम के कालातीत धागे में बँधा एक नन्हा-सा तारा बन जाऊँ, मानो आपके आकाश रूपी विशाल कंठहार में चमकता हुआ एक मोती।

या फिर मुझे सर्वोच्च सम्मान प्रदान करें: आपके हृदय में सबसे नगण्य स्थान। वहाँ मैं जीवन के श्रेष्ठतम दृश्यों के सृजन का अवलोकन करूँगा।

*—श्री श्री परमहंस योगानन्द,*
*"Whispers from Eternity"*

जब आप गुरु - शिष्य सम्बन्ध के सिद्धान्तों पर अचल रहते हैं तो आध्यात्मिक पथ अत्यन्त सरल बन जाता है। तब आपके भटकने की संभावना नहीं है। माया आपको भटकाने का चाहे कितना ही प्रयत्न क्यों न करे, ईश्वर प्राप्त गुरु आपकी समस्या को जानते हैं और आध्यात्मिक पथ पर पुनः स्थिर होने में आपकी सहायता करते हैं। एक सद्‌गुरु आपके लिए इतना सब कुछ कर सकते हैं यदि आप उनके साथ समस्वर रहते हैं।

*—श्री श्री परमहंस योगानन्द,*
*"Journey to Self-realization"*

*योगदा सत्संग सोसाइटी ऑफ़ इण्डिया/सेल्फ़ रियलाइज़ेशन फ़ेलोशिप* की शिक्षाओं और आध्यात्मिक प्रविधियों में योगदा सत्संग परम्परा के गुरुओं की सहायता तथा आशीर्वाद निहित हैं। जो भक्त योगदा सिद्धान्तों के अनुसार अपना जीवन व्यतीत करेंगे, उनका जीवन योगदा गुरुओं के गुप्त तथा स्पष्ट मार्गदर्शन द्वारा धन्य हो जायेगा।

*—श्री श्री परमहंस योगानन्द,*
*योगदा सत्संग पाठ*

सिद्धगण या गुरुजन, जो इस संसार के दिव्य चरवाहे (रखवाले तथा मार्गदर्शक) हैं, अपने उच्च लोकों से नीचे आते हैं और अपना जीवन उन शिष्यों को ढूँढ़ने में लगा देते हैं जो अँधकार में खो गये हैं। वे उन्हें निर्जन और संकटपूर्ण स्थानों में पाते हैं, उन्हें जगाकर अपने दिव्य कंधे पर रखते हैं, और अपने धामों में किसी सुरक्षित स्थान तक आनन्दपूर्वक उन्हें ढोते हैं। वे उन्हें दिव्य आहार खिलाते हैं तथा जीवनदायी जल पिलाते हैं, जिसे यदि कोई मनुष्य ग्रहण कर ले, तो वह अमर हो जायेगा। वे उन्हें ईश्वरपुत्र बनने की शक्ति प्रदान करते हैं। वे अपने मांस के अन्तिम कण और रक्त की अन्तिम बूँद तक अपना जीवन उन भेड़ों (शिष्यों) के उद्धार के लिये दे देते हैं जो उनकी वाणी को पहचानती हैं।

*—श्री ज्ञानमाता,*

*"God Alone : The Life and Letters of a Saint"*

गुरु और शिष्य का यह कर्त्तव्य है कि वे एक दूसरे के प्रति निष्ठावान् रहें, केवल एक जन्म में ही नहीं, बल्कि कई जन्मों में; यदि ईश्वर तक पहुँचने के लिये ये आवश्यक हों। जो गुरु के प्रति शत-प्रतिशत निष्ठावान् हैं, वे अपनी पूर्ण मुक्ति तथा उद्धार के प्रति आश्वस्त हो सकते हैं। किसी के अनेक शिक्षक हो सकते हैं, परन्तु गुरु केवल एक ही होते हैं, जो जन्म-जन्मांतरों में भी उसके गुरु रहते हैं जब तक कि शिष्य ईश्वर में मुक्ति के अन्तिम लक्ष्य को प्राप्त न कर ले। एक बार यह सम्बन्ध स्थापित हो जाने के बाद आपको यह सदा याद रखना चाहिये।

*—श्री श्री परमहंस योगानन्द,*
*योगदा सत्संग पाठ*

जो आध्यात्मिक प्रशिक्षण आपने* मुझे दिया है वह परिपूर्ण था, और है। गुरु का मूल्यांकन नहीं किया जा सकता, और यदि ऐसा करना ही हो, तो यह उन नियमों के आधार पर नहीं किया जा सकता जो दो बराबरी वालों में मित्रता के लिये लागू होते हैं। मैंने सदा यह जाना है।

*—श्री ज्ञानमाता,*

*"God Alone : The Life and Letters of a Saint"*

* परमहंस योगानन्द

गुरु और शिष्य के बीच की मित्रता शाश्वत होती है। जब कोई शिष्य गुरु के प्रशिक्षण को स्वीकार करता है तो वहाँ केवल पूर्ण आत्मसमर्पण होता है, किसी भी प्रकार की विवशता नहीं होती।

*—श्री श्री परमहंस योगानन्द,*
*"मानव की निरन्तर खोज"*

*परमहंस योगानन्दजी का महासमाधि दिवस*

मेरा शरीर नहीं रहेगा, परन्तु मेरा कार्य चलता रहेगा और मेरी चेतना विद्यमान रहेगी। जब मुझे यहाँ से बुला लिया जायेगा, तब भी मैं आप सबके साथ मिलकर ईश्वर का सन्देश लेकर जगत् के उद्धार के लिये कार्य करता रहूँगा। ईश्वर की महिमा के लिये स्वयं को तैयार कीजिये। ब्रह्मतेज से स्वयं को अनुप्राणित कीजिये।

*—श्री श्री परमहंस योगानन्द,*
*"The Divine Romance"*

स्वामी श्रीयुक्तेश्वर अपने शिष्य परमहंस योगानन्द से :

"मैं अब से अनन्तकाल तक तुम्हारा मित्र रहूँगा, चाहे तुम निम्नतम मानसिक धरातल पर रहो या ज्ञान के सर्वोच्च धरातल पर।

"यदि तुम भूल कर दो, तो भी मैं तुम्हारा मित्र बना रहूँगा क्योंकि तब तुम्हें अन्य किसी भी समय की अपेक्षा मेरी मित्रता की अधिक आवश्यकता होगी।"

*—श्री श्री स्वामी श्रीयुक्तेश्वर गिरि,*
*योगदा सत्संग पाठों में*

*श्री श्री स्वामी श्रीयुक्तेश्वर गिरि का महासमाधि दिवस*

स्वामी श्रीयुक्तेश्वर परमहंस योगानन्द से, जब वे आगनी महासमाधि के तीन महीने से अधिक समय के बाद, 19 जून 1936 को परमहंस योगानन्द के सामने सशरीर प्रकट हुए: "मेरे लिये दुःख मत करो।... ईश्वर के मायास्वप्न में जब तक मैं और तुम दो भिन्न-भिन्न रूप प्रतीत होते रहेंगे, तब तक हम दोनों साथ-साथ मुस्कुराया करेंगे। अन्त में हम दोनों एक होकर परमात्मा में विलीन हो जायेंगे; हमारा हास्य उनका हास्य होगा; हम दोनों का संयुक्त आनन्द-संगीत ईश्वर के साथ समस्वर आत्माओं में अनन्त काल तक ध्वनित होता रहेगा!"

*—श्री श्री स्वामी श्रीयुक्तेश्वर गिरि,*
*"योगी कथामृत" में*

मेरे गुरु ने मुझे दिखाया कि ईश्वर के दर्शन करने के लिये स्वयं को एक योग्य मन्दिर बनाने हेतु ज्ञान की छेनी का उपयोग कैसे किया जाये। प्रत्येक व्यक्ति ऐसा कर सकता है यदि वह दिव्य-बोध-सम्पन्न गुरुओं के उपदेशों का पालन करे।

*—श्री श्री परमहंस योगानन्द,*
*योगदा सत्संग पाठ*

ईश्वर की एक छवि के रूप में, मनुष्य, इच्छा-शक्ति की दिव्य सर्वोपलब्धकारी शक्ति से सम्पन्न है। उचित ध्यान के माध्यम से दैवी इच्छा-शक्ति के साथ सामंजस्य स्थापित करना सीखना ही मनुष्य का उच्चतम कर्त्तव्य है।

*—श्री श्री परमहंस योगानन्द,*
*"सफलता का नियम"*

प्रबल इच्छा-शक्ति के विकास के लिये जीवन में कुछ ऐसे कार्यों को करने का दृढ़ निश्चय कीजिये जिन्हें आप सोचते थे कि आप नहीं कर पायेंगे। छोटे कार्यों के साथ शुरुआत करें। जैसे-जैसे आपका आत्मविश्वास दृढ़ होता जाये और आपकी इच्छा-शक्ति अधिक प्रबल बनती जाये, आप और कठिन उपलब्धियों को लक्ष्य बना सकते हैं। निश्चित कर लें कि आपने सही चुनाव किया है, फिर असफलता के आगे समर्पण से इनकार कर दें। अपनी सम्पूर्ण इच्छा-शक्ति को एक समय में एक ही काम को सिद्ध करने में लगायें; अपनी शक्तियों को बिखरने न दें, और न ही नये कार्य को प्रारम्भ करने के लिये किसी कार्य को अधूरा छोड़ें।

*—श्री श्री परमहंस योगानन्द,*
*"सफलता का नियम"*

अज्ञान द्वारा निर्देशित होने पर मानवीय इच्छा-शक्ति हमें भटकाती है; जबकि विवेक द्वारा निर्देशित होने पर यह दैवी इच्छा से एकरूप हो जाती है। हमारे लिये जो ईश्वरीय योजना है, वह मानव जीवन के संघर्षों में प्रायः धूमिल पड़ जाती है और इसीलिये हम वह आन्तरिक मार्गदर्शन खो देते हैं जो हमें दुःख की गहरी खाइयों से बचा सकता है।

*—श्री श्री परमहंस योगानन्द,*
*"सफलता का नियम"*

अपनी अंतरात्मा के शान्त क्षेत्र में सदैव आश्वस्त हो लें कि आप जो चाहते हैं, वह आपके लिये उचित है एवं ईश्वरीय उद्देश्यों के अनुरूप है। तब आप अपनी सम्पूर्ण इच्छा-शक्ति का उपयोग अपने लक्ष्य को प्राप्त करने के लिये कर सकते हैं; तथापि, ऐसा करते हुए अपने मन को ईश्वर के विचारों पर केन्द्रित रखें, जो समस्त शक्तियों एवं सम्पूर्ण उपलब्धियों का स्रोत हैं।

*—श्री श्री परमहंस योगानन्द,*
*"सफलता का नियम"*

मन ही प्रत्येक वस्तु का स्रष्टा है। अतः आपको केवल शुभ सृजन के लिये ही इसका मार्गदर्शन करना चाहिये। यदि आप प्रबल इच्छा-शक्ति के साथ किसी विचार को पकड़े रहेंगे, तो अन्ततः यह एक साकार रूप धारण कर लेगा। जब आप अपनी इच्छा-शक्ति को सदैव रचनात्मक उद्देश्यों के लिये प्रयुक्त करने में सक्षम हो जाते हैं, आप अपने भाग्य के नियंत्रक बन जाते हैं।

*—श्री श्री परमहंस योगानन्द,*
*"सफलता का नियम"*

मार्ग की बाधाओं पर विजय प्राप्त करने के लिये यदि आप सभी उपलब्ध बाह्य साधनों के साथ-साथ अपनी स्वाभाविक योग्यताओं का भी उपयोग करते हैं, तो इस तरह आप ईश्वर प्रदत्त उन असीमित शक्तियों का विकास करेंगे जो आपके व्यक्तित्व के अन्तर्तम बलों से प्रवाहित होती हैं। आप विचार-शक्ति एवं इच्छा-शक्ति से सम्पन्न हैं। इन दैवी उपहारों का अधिकतम सदुपयोग करें।

*—श्री श्री परमहंस योगानन्द,*
*"सफलता का नियम"*

आप अपने मन में जो कुछ भी करने की ठान लें, वह आप कर सकते हैं। ईश्वर सर्वस्व का कुल योग हैं, और उनकी छवि आपके भीतर है। वे सब कुछ कर सकते हैं, और उनकी तरह ही आप भी सब कुछ कर सकते हैं यदि आप स्वयं को उनकी अनन्त प्रकृति के साथ एकरूप करना सीख लें।

*—श्री श्री परमहंस योगानन्द,*
*"मानव की निरन्तर खोज"*

अपनी इच्छा-शक्ति को इतना शक्तिशाली बनायें ताकि आप परिस्थितियों द्वारा नियन्त्रित न हों, बल्कि उन्हें नियंत्रित कर पायें।

*—श्री श्री परमहंस योगानन्द,*
*एक "Para-gram" में*

आपका काम आपके सदुद्देश्यों को पूरा करने के लिये अपनी इच्छा को जगाना है। फिर अपनी इच्छा-शक्ति को चाबुक मार कर क्रियाशील बनायें जब तक कि यह ज्ञान के उस रास्ते का अनुसरण न करे जो आपको दिखाया गया है।

*—श्री श्री परमहंस योगानन्द,*
*योगदा सत्संग पाठ*

याद रखें, आपकी इच्छा-शक्ति में ईश्वर की सर्वशक्तिमान शक्ति निहित है। जब विपत्तियों का झुण्ड सामने आता है और आप सभी बाधाओं के होते हुए भी पराजित होने से अस्वीकार कर देते हैं; जब आपका मन "स्थिर" हो जाता है, तब आप पायेंगे कि ईश्वर आपको उत्तर दे रहे हैं।

*—श्री श्री परमहंस योगानन्द,*
*"ईश्वर से वार्तालाप की विधि"*

यदाकदा आने वाली प्रेरणायें या शानदार विचार आपके जीवन को उतना नियंत्रित नहीं करते जितना कि आपकी दैनिक मानसिक आदतें।

*—श्री श्री परमहंस योगानन्द,*
*"सफलता का नियम"*

अच्छी आदतें आपकी सर्वोत्तम सहायक हैं; उन्हें सत्कर्मों द्वारा प्रेरित करके उनकी शक्ति को बनाये रखें। बुरी आदतें आपकी सबसे बड़ी शत्रु हैं; आपकी इच्छा के विरुद्ध ये आपको वह सब करने पर विवश करती हैं जो आपके लिये अत्यन्त दुःखदायी होता है। वे आपके शारीरिक, सामाजिक, मानसिक, नैतिक, एवं आध्यात्मिक सुख के लिये हानिकारक हैं। बुरी आदतों को, बुरे क़र्मों का आहार देना अस्वीकार करके उन्हें भूखा मरने दें।

*—श्री श्री परमहंस योगानन्द,*
*"Scientific Healing Affirmations"*

अच्छी तथा बुरी, दोनों प्रकार की आदतों को शक्ति प्राप्त करने में समय लगता है। शक्तिशाली बुरी आदतों को उनकी विपरीत अच्छी आदतों द्वारा हटाया जा सकता है यदि अच्छी आदतों का धैर्यपूर्वक विकास किया जाये।

*—श्री श्री परमहंस योगानन्द,*
*"Scientific Healing Affirmations"*

किसी भी बुरी आदत को तुरन्त बदला जा सकता है।

आदत मन की एकाग्रता का परिणाम है। आप एक निश्चित दिशा में सोचते रहे हैं। नई अच्छी आदत को बनाने के लिये, केवल विपरीत दिशा में एकाग्र करना शुरू करें।

*—श्री श्री परमहंस योगानन्द,*
*"परमहंस योगानन्द के वचनामृत"*

दैनिक जीवन की कठिन शिक्षाओं के माध्यम से आप कभी स्पष्ट रूप से देखेंगे कि बुरी आदतें अन्तहीन भौतिक इच्छाओं के वृक्ष का पोषण करती हैं, जबकि अच्छी आदतें आध्यात्मिक आकांक्षाओं के वृक्ष का। आध्यात्मिक वृक्ष को सफलतापूर्वक बड़ा करने के लिये अधिकाधिक प्रयास करते रहें, ताकि किसी दिन आप आत्म-साक्षात्कार के पके फल को प्राप्त कर सकें।

*—श्री श्री परमहंस योगानन्द,*
*"सफलता का नियम"*

जानबूझकर आप जो भी करते हैं, उसके प्रति सावधान रहें, क्योंकि यदि आपकी इच्छा-शक्ति अत्यंत बलशाली न हुई, तो अवचेतन मन की आदतों को प्रभावित करने की शक्ति के कारण आपको विवशतापूर्वक वही कार्य बारम्बार करना पड़ सकता है।

*—श्री श्री परमहंस योगानन्द,*
*योगदा सत्संग पाठ*

विचार की आदतें वे मानसिक चुम्बक हैं जो आप तक विशिष्ट वस्तुओं, व्यक्तियों तथा परिस्थितियों को आकर्षित करती हैं। किसी बुरी आदत को कमज़ोर करने के लिये उस प्रत्येक कारक से दूर रहें जो उसका कारण हो या उसे उत्तेजित करता हो, लेकिन उससे बचने के उत्साह में उस पर और अधिक एकाग्र न हो जायें। फिर अपने मन को किसी अच्छी आदत की ओर मोड़ें और स्थिरतापूर्वक उसका तब तक विकास करें जब तक कि यह आपके व्यक्तित्व का एक विश्वसनीय अंग न बन जाये।

*—श्री श्री परमहंस योगानन्द,*
*"सफलता का नियम"*

सभी कार्यों—खाना, पढ़ना, काम करना, आदि को उचित निर्णय एवं इच्छा की स्वतन्त्रता के अनुसार करने में ही सच्ची स्वतन्त्रता निहित है, न कि आदतों से विवश होकर करने में। वही खायें जो आपको खाना चाहिये, न कि वह जिसकी आपको आदत पड़ चुकी है। वही कीजिये जो आपको करना चाहिये, न कि वह जिसे करने के लिये आपकी बुरी आदतें आपको विवश करें।

*—श्री श्री परमहंस योगानन्द,*
*"Scientific Healing Affirmation"*

जब आप अपनी बुरी आदतों का त्याग कर देते हैं, केवल तभी आप सही अर्थों में स्वतन्त्र व्यक्ति हैं। जब तक आप एक सिद्ध पुरुष न बन जायें, और स्वयं को उन कार्यों को करने का आदेश देने के योग्य न हो जायें जिन्हें आपको करना चाहिये, भले ही आप उन्हें करना न चाहते हों तब तक आप एक मुक्त आत्मा नहीं हैं। आत्म-संयम की उस शक्ति में ही शाश्वत मुक्ति का बीज निहित है।

*—श्री श्री परमहंस योगानन्द,*
*"सफलता का नियम"*

उसी पुराने ढंग से न जीते रहें। अपने जीवन को सुधारने के लिये कुछ करने का दृढ़ निश्चय कर लें और फिर उसे पूरा करें। अपनी चेतना को परिवर्तित करें; केवल उतना ही करने की आवश्यकता है।

*—श्री श्री परमहंस योगानन्द,*
*"योगदा सत्संग पत्रिका"*

यदि आप स्वयं को सभी प्रकार की बुरी आदतों से मुक्त कर सकें और इसलिये भलाई के कार्य कर पायें क्योंकि आप भला करना चाहते हैं, न कि मात्र इसलिये कि बुराई से दुःख मिलता है, तब यथार्थ में आप आत्मोन्नति कर रहे हैं।

*—श्री श्री परमहंस योगानन्द,*
*"सफलता का नियम"*

दया ईश्वरानुभूति के लिये आवश्यक है, क्योंकि ईश्वर स्वयं इस गुण से आप्लावित हैं। सहृदय व्यक्ति स्वयं को दूसरों के स्थान पर रख उनकी पीड़ा का अनुभव कर उसे दूर करने का प्रयास कर सकते हैं।

*—श्री श्री परमहंस योगानन्द,*
*"God Talks With Arjuna: The Bhagavad Gita"*

हे दयानिधान! मुझे सभी जीवों के लिये प्रेम के आँसू बहाना सिखायें। आशीर्वाद दें कि मैं उन्हें मेरा अपना ही मानूँ —मानो वे मेरे ही स्वरूप के भिन्न अंश हों।

मैं अपने दोषों को बड़ी सरलता से क्षमा करता हूँ; इसलिये मैं दूसरों के दोषों को भी शीघ्रता से क्षमा कर सकूँ। हे परमपिता! मुझे आशीर्वाद दें कि मैं अपने साथियों को अनचाही आलोचना की पीड़ा न पहुँचाऊँ। यदि स्वयं में सुधार करने के लिये वे मुझसे परामर्श माँगें, तो मैं आपसे प्रेरित सुझावों को ही प्रदान करूँ।

*—श्री श्री परमहंस योगानन्द,*
*"Whispers from Eternity"*

प्रतिदिन आपके आसपास जो भी शारीरिक, मानसिक, या आध्यात्मिक रूप से रुग्ण हो, उसकी सहायता आप उसी प्रकार करने का प्रयास करें जैसी आप स्वयं अपनी या अपने परिवारजनों की करते। तब जीवन के नाट्यमंच पर आपकी भूमिका चाहे जो भी हो, आप यह जान जायेंगे कि आप उसे सभी भाग्यों के निर्देशक के निर्देशन में, ठीक प्रकार से निभा रहे हैं।

*—श्री श्री परमहंस योगानन्द,*
*योगदा सत्संग पाठ*

हे प्रभु! अति पापी एवं मलिन मनुष्य में भी आपका दिव्य प्रकाश छिपा है, जो सुसंगति तथा आत्मसुधार की तीव्र आकांक्षाओं जैसी उचित परिस्थितियों में फूट पड़ने की प्रतीक्षा कर रहा है।

हे प्रभु! हम आपके कृतज्ञ हैं कि कोई पाप अक्षम्य नहीं; कोई बुराई अजेय नहीं; क्योंकि सापेक्षता के इस जगत् में कुछ भी परिपूर्ण नहीं है।

हे परमपिता! मेरा मार्गदर्शन करें कि मैं आपकी भ्रमित सन्तानों को उनकी अन्तर्निहित पवित्रता, अमरता, एवं दिव्य पुत्रत्व की चेतना में जागृत कर सकूँ।

*—श्री श्री परमहंस योगानन्द,*

*"Whispers from Eternity"*

जो व्यक्ति स्वयं को मेरा शत्रु मानता है उसे मैं वास्तव में अपने एक दिव्य भाई के रूप में देखूँगा जो ग़लतफ़हमी के परदे के पीछे छिपा है। मैं इस परदे को प्रेम रूपी कटार से चीर दूँगा ताकि मेरी विनम्र, क्षमाशील उदारता को देखकर वह फिर कभी मेरी सद्‌भावना की भेंट को नहीं ठुकरायेगा।

*—श्री श्री परमहंस योगानन्द,*
*"Metaphysical Meditations"*

दूसरों की दयाहीनता की कुरूपता मुझे स्वयं को प्रेमपूर्ण-दया से सुन्दर बनाने के लिये प्रेरित करे।

गेरे साथियों के कटु वचन मुझे सदा मधूर शब्दों का उपयोग करने की याद दिलायें। दुष्ट लोग यदि मुझ पर पत्थर फेंकें तो बदले में मैं सदा उनकी ओर सद्भाव के बाण ही चलाऊँ।

जिस प्रकार चमेली की बेल अपनी जड़ों पर कुल्हाड़ी से प्रहार करते हाथों पर भी फूल बरसाती है, उसी प्रकार मेरे लिये द्वेषपूर्ण भावना से कार्य करने वाले सभी लोगों पर मैं क्षमा के फूल बरसा सकूँ।

*—श्री श्री परमहंस योगानन्द,*

*"Whispers from Eternity"*

अपनी असहनशीलता एवं प्रतिशोध की भावना से मैं दुराचरण करने वालों के अज्ञान को और अधिक न बढ़ाऊँ। मुझे अपनी क्षमाशीलता, प्रार्थनाओं एवं कोमल प्रेम के अश्रुओं द्वारा उनकी सहायता करने की प्रेरणा दें।

*—श्री श्री परमहंस योगानन्द,*
*"Whispers from Eternity"*

उन साहसिक तथा सुन्दर कार्यों को करने का प्रयास करें जिन्हें अधिकांश लोग बिना किये छोड़ देते हैं। जो दूसरों द्वारा उपेक्षित हैं उन्हें प्रेम एवं शान्ति के उपहार दें।

*—श्री श्री परमहंस योगानन्द,*
*योगदा सत्संग पाठ*

जिस प्रकार सूर्य की जीवनदायी किरणें सबका पोषण करती हैं, उसी प्रकार आपको निर्धन तथा उपेक्षित लोगों के हृदयों में आशा की किरणें जगानी चाहिये, निराश हृदयों में साहस जगाना चाहिये और जो स्वयं को असफल मानते हैं, उनके हृदयों में नवशक्ति का संचार करना चाहिये।

*—श्री श्री परमहंस योगानन्द,*
*एक "Para-gram" में*

जब ईश्वर आपकी प्रार्थनाओं का उत्तर नहीं देते तो इसका कारण यह है कि आपमें तीव्रता की कमी है। शुष्क, सतही प्रार्थनायें अर्पित करके आप परमपिता का ध्यान आकर्षित करने की आशा नहीं कर सकते। ईश्वर तक प्रार्थना द्वारा पहुँचने का एकमात्र मार्ग है प्रार्थना की दृढ़ता, नियमितता एवं गहन तीव्रता। भय, चिन्ता, क्रोध जैसे नकारात्मक विचारों को हटाकर अपने मन को साफ करें; फिर उसे प्रेम, सेवा, और आनन्दमय प्रत्याशा के विचारों से भर दें। आपके हृदय रूपी पवित्र गर्भगृह में केवल एक ही शक्ति, एक ही आनन्द, एक ही शान्ति प्रतिष्ठापित होनी चाहिये—ईश्वर।

*—श्री श्री परमहंस योगानन्द,*
*"जहाँ है प्रकाश"*

जिस प्रकार आप एक टूटे माइक्रोफ़ोन से संदेश प्रसारित नहीं कर सकते, उसी प्रकार अशान्ति द्वारा अव्यवस्थित मानसिक माइक्रोफ़ोन से आप प्रार्थनायें नहीं भेज सकते। गहरी शान्ति द्वारा आपको अपने मन रूपी माइक्रोफ़ोन को ठीक करना चाहिये तथा अपने अन्तर्ज्ञान की ग्रहणशीलता में वृद्धि करनी चाहिये। इस प्रकार प्रभावशाली ढंग से आप ईश्वर तक अपने संदेश प्रसारित कर सकते हैं एवं उनके उत्तर प्राप्त कर सकते हैं।

*—श्री श्री परमहंस योगानन्द,*
*"सफलता का नियम"*

ब्रह्म से उनके जगन्माता रूप में हम किसी भी अन्य सम्बन्ध से कहीं अधिक, अधिकारपूर्ण तथा सरलता से उत्तर की माँग कर सकते हैं। इस प्रकार की विनती का उत्तर देने के लिये ईश्वर विवश होते हैं; क्योंकि अपने पुत्र को प्रेम व क्षमा करना ही एक माँ का मूल स्वभाव है, चाहे वह पुत्र कितना ही बड़ा पापी क्यों न हो। माँ और बच्चे के बीच का सम्बन्ध ईश्वर द्वारा प्रदान किये गये मानवीय प्रेम का सर्वाधिक सुन्दर रूप है।

*—श्री श्री परमहंस योगानन्द,*
*"ईश्वर से वार्तालाप की विधि"*

यद्यपि ईश्वर हमारी सभी प्रार्थनाओं को सुनते हैं, तथापि वे सदा ही उत्तर नहीं देते। हमारी अवस्था उस बालक जैसी है जो अपनी माँ को पुकारता है परन्तु माँ उसके पास आना आवश्यक नहीं समझती। वह उसे शान्त रखने के लिये एक खिलौना दे देती है परन्तु जब बालक किसी भी वस्तु से सन्तुष्ट न होकर माँ की उपस्थिति ही चाहता है, तब माँ आती है। यदि आप ईश्वर को जानना चाहते हैं, तो आपको भी उस नटखट बालक की तरह बनना होगा जो तब तक रोता रहता है जब तक उसकी माँ नहीं आ जाती।

*—श्री श्री परमहंस योगानन्द,*
*"ईश्वर से वार्तालाप की विधि"*

आप केवल बैठे रहकर, अपनी गोद में सफलता के गिरने की प्रतीक्षा करते नहीं रह सकते; जब एक बार आपका मार्ग तय हो गया और आपकी इच्छा-शक्ति दृढ़ हो गयी, तब आपको व्यावहारिक प्रयत्न करना होगा। फिर आप देखेंगे कि आपकी सफलता के लिये जो भी आवश्यक है वह आपके पास आने लगेगा। सब कुछ आपको सही दिशा में आगे बढ़ायेगा। आपकी दिव्य रूप से अनुप्राणित इच्छा-शक्ति में आपकी प्रार्थना का उत्तर निहित है। जब आप उस इच्छा-शक्ति का उपयोग करते हैं, तो आप वह मार्ग खोलते हैं, जिसके द्वारा आपकी प्रार्थनाओं का उत्तर प्राप्त हो सकता है।

*—श्री श्री परमहंस योगानन्द,*
*"मानव की निरन्तर खोज"*

मैं प्रार्थनागृह में प्रार्थना में बैठी थी—मैं अपने जीवन में आनेवाली किसी परिस्थिति के विषय में सोच रही थी, जिसने मुझे आशंका से भर दिया था। मैं जानती थी कि ईश्वर की इच्छा नहीं है कि मैं उस अनुभव से बचूँ। उस क्षण भी वह मेरी ओर बढ़ रहा था। अचानक प्रभु ने मुझे वह प्रार्थना बतायी जो उन्हें स्वीकार्य होगी, और मैंने तुरन्त कहा—"मेरे जीवन की किसी भी परिस्थिति को न बदलें, मुझे बदलें।"

*—श्री श्री ज्ञानमाता,*

*"God Alone : The Life and Letters of a Saint"*

प्रभु से उत्तर पाने की माँग दृढ़ होनी चाहिये; आधे मन से की गई प्रार्थना पर्याप्त नहीं है। यदि आप दृढ़ निश्चय कर लें: "ईश्वर मुझसे अवश्य बातें करेंगे"; और यदि आप इससे अन्यथा विश्वास करने से इनकार कर दें, चाहे कितने ही वर्ष प्रभु ने आपको उत्तर न दिया हो; यदि आप उन पर विश्वास करते ही रहें, तो एक दिन वे अवश्य उत्तर देंगे।

*—श्री श्री परमहंस योगानन्द,*
*"ईश्वर से वार्तालाप की विधि"*

यदि आप मात्र एक बार भी ईश्वर के साथ बात कर सकें, उनके मौन को तोड़ सकें, तो वे अक्सर आपके साथ बातें करेंगे। परन्तु आरम्भ में यह बहुत कठिन होता है; ईश्वर से परिचित होना सुगम नहीं है, क्योंकि वे आश्वस्त होना चाहते हैं कि आप वास्तव में उन्हें पाना चाहते हैं। वे यह जानने के लिये भक्त की परीक्षायें लेते हैं कि भक्त उन्हें ही चाहता है या किसी अन्य वस्तु को। वे आपके साथ तब तक बात नहीं करेंगे जब तक आप उन्हें इस बात का विश्वास नहीं दिलाते कि आपके हृदय में कोई अन्य इच्छा नहीं छिपी है। यदि आपके हृदय में केवल उनके उपहारों को पाने की आकांक्षायें भरी पड़ी हैं तो वे आपके सामने क्यों प्रकट हों?

*—श्री श्री परमहंस योगानन्द,*
*"ईश्वर से वार्तालाप की विधि"*

इस तरह प्रार्थना करना सर्वोत्तम है: "प्रभु! आपकी चेतना में मैं सदा प्रसन्न रहूँ। मुझे सभी सांसारिक इच्छाओं से मुक्त करें, और सर्वोपरि, मुझे आपका वह परमानन्द प्रदान करें, जो जीवन के अच्छे और बुरे सभी अनुभवों के परे जाता है।"

*—श्री श्री परमहंस योगानन्द,*
*"मानव की निरन्तर खोज"*

एक उत्तर आपके सभी प्रश्नों का समाधान करेगा: ईश्वर की ओर मुड़ें और अपनी चेतना को उनकी पूर्णता के बोध से भर लें। उनकी शक्ति के श्रद्धास्पद विचार में आपकी दुर्बलता को विलीन हो जाने दें। ईश्वर को कुछ भी बताने की आवश्यकता नहीं क्योंकि आपके कहने से पहले ही वे आपकी आवश्यकता को जानते हैं, और आपके माँगने से अधिक वे देने को तत्पर हैं। जब आप ध्यान करें तो उनकी ज्वलंत उपस्थिति के एकमात्र विचार में तल्लीन होकर अन्य प्रत्येक वस्तु से दूर हो जायें। इस तरह आप ग्रहणशील बनेंगे, और आपके शरीर, मन एवं आत्मा में आरोग्यता प्रवाहित होगी।

*—श्री ज्ञानमाता,*
*"God Alone: The Life and Letters of a Saint"*

सफलता का अधिचेतन नियम मनुष्य की प्रार्थनाओं तथा प्रभु की सर्वशक्तिमानता के उसके ज्ञान द्वारा कार्यान्वित किया जाता है। अपने सचेत प्रयासों को बंद न करें, न ही पूर्ण रूप से अपनी प्राकृतिक योग्यताओं पर निर्भर रहना छोड़ें, बल्कि अपने प्रत्येक कार्य में ईश्वर की सहायता माँगें।"

*—श्री श्री परमहंस योगानन्द,*
*"Scientific Healing Affirmations"*

दुर्भाग्य के समय में मैंने आपकी वाणी को कहते सुना: "मेरी सुरक्षा का सूर्य तुम्हारे सबसे उज्ज्वल तथा सबसे अन्धकारमय क्षणों में समान रूप से चमकता है। विश्वास रखो और मुस्कुराओ! उदासी ब्रह्म की आनन्दमय प्रकृति के विरुद्ध एक अपराध है। मुस्कुराहटों की पारदर्शिता के माध्यम से मेरे जीवन-रूपान्तरक प्रकाश को प्रकट होने दो। मेरे पुत्र, स्वयं प्रसन्न रहकर तुम मुझे प्रसन्न करते हो।"

*—श्री श्री परमहंस योगानन्द,*
*"Whispers from Eternity"*

याद रखें कि जब आप दुःखी होते हैं तो प्रायः ऐसा इसलिये होता है कि जीवन में जो महान् कार्य आप निश्चित रूप से करना चाहते हैं आप पर्याप्त दृढ़ता से उनकी सजीव कल्पना नहीं करते और न ही आप अपनी इच्छा-शक्ति, अपनी रचनात्मक योग्यता, तथा अपने धैर्य का अपने सपने साकार होने तक पर्याप्त दृढ़ता के साथ उपयोग करते हैं।

*—श्री श्री परमहंस योगानन्द,*
*योगदा सत्संग पाठ*

प्रसन्नता कुछ सीमा तक बाह्य परिस्थितियों पर निर्भर करती है, परन्तु मुख्यतः मानसिक दृष्टिकोण पर। सुखी होने के लिये व्यक्ति के पास अच्छा स्वास्थ्य, संतुलित मन, समृद्ध जीवन, उचित कार्य, कृतज्ञ हृदय और सर्वोपरि, प्रज्ञा या ईश्वर का ज्ञान होना चाहिये।

*—श्री श्री परमहंस योगानन्द,*
*"सफलता का नियम"*

आपकी मुस्कुराहट में अनन्त परमात्मा की हँसी स्पन्दित होनी चाहिये। उनके प्रेम की बयार को दूसरों के हृदयों में आपकी मुस्कुराहटें फैलाने दें। उनका तेज संक्रामक होगा।

*—श्री श्री परमहंस योगानन्द,*
*योगदा सत्संग पाठ*

अपना अहित या हित करने की शक्ति आपके पास है।...

यदि आप प्रसन्न नहीं होना चाहते तो कोई भी आपको प्रसन्न नहीं कर सकता। उसके लिये ईश्वर को दोष मत दीजिये! और यदि आप प्रसन्न होना चाहते हैं तो कोई भी आपको उदास नहीं बना सकता।...जीवन जैसा भी है, उसे बनाने वाले हम ही हैं।

*—श्री श्री परमहंस योगानन्द,*
*योगदा सत्संग पाठ*

प्रसन्न होने का दृढ़ निश्चय आपके लिये सहायक होगा। इस ग़लत विचार के साथ परिस्थितियों के बदलने की प्रतीक्षा मत कीजिये कि परिस्थितियों में ही आपके दुःख का कारण निहित है।

उदासी को एक स्थायी आदत न बनायें, और इस तरह स्वयं तथा अपने सहयोगियों को प्रभावित न करें। यदि आप प्रसन्न हैं तो यह आपके तथा दूसरों के लिये एक वरदान है।

यदि आप प्रसन्न हैं तो आपके पास सब कुछ है; प्रसन्न होना ईश्वर से समस्वर होना है। प्रसन्न होने की यह शक्ति ध्यान से आती है।

*—श्री श्री परमहंस योगानन्द,*
*"सफलता का नियम"*

सदा अपनी व्यक्तिगत प्रसन्नता के लिये प्रयास करने के बदले, दूसरों को प्रसन्न बनाने का प्रयास करें। दूसरों को आध्यात्मिक, मानसिक, एवं भौतिक सेवा प्रदान करने के द्वारा आप अपनी व्यक्तिगत आवश्यकताओं को पूरा होता पायेंगे। जब आप दूसरों की सेवा में अपने स्वार्थ को भुला देंगे, तो आप पायेंगे कि आपकी प्रसन्नता का प्याला, उसके लिये प्रयास किये बिना ही भरा रहेगा।

*—श्री श्री परमहंस योगानन्द,*
*योगदा सत्संग पाठ*

यह मत सोचिये कि शान्ति में मिलनेवाला थोड़ा-सा आनन्द ही पर्याप्त है। आनन्द उससे कहीं अधिक है। उदाहरण के लिये, यह कल्पना कीजिये कि आपको विश्रान्ति की नितांत आवश्यकता है और आपको यह सजा दी जाने वाली है कि आपको सोने नहीं दिया जायेगा, तभी अचानक कोई कहता है: "ठीक है, अब आप सोने जा सकते हैं।" उस आनन्द की कल्पना कीजिये जिसे सोने से ठीक पहले आप अनुभव करेंगे। उसे दस लाख गुना बढ़ा दीजिये! फिर भी वह उस आनन्द का वर्णन नहीं कर सकता जो ईश-सम्पर्क से प्राप्त होता है।

*—श्री श्री परमहंस योगानन्द,*
*योगदा सत्संग पाठ*

सच्ची प्रसन्नता तभी मिलती है जब आपकी इच्छा-शक्ति आत्मा के विवेक द्वारा निर्देशित होती है और आप किसी भी समय, किसी भी जगह, बुराई के स्थान पर अच्छाई का चयन इसलिये करते हैं क्योंकि आप अच्छाई के लिये अच्छाई को चाहते हैं। तब आप सही अर्थ में मुक्त होंगे।

*—श्री श्री परमहंस योगानन्द,*
*योगदा सत्संग पाठ*

प्रतिदिन मैं प्रसन्नता को भौतिक सुखों में कम-से-कम और अपने मन में अधिकाधिक खोजने का प्रयास करूँगा।

*—श्री श्री परमहंस योगानन्द,*
*"Scientific Healing Affirmations"*

ईश्वर में सम्पूर्ण निष्ठा रखना ही मुक्ति प्राप्त करने का एकमात्र मार्ग है। जीवन का यह स्वप्न एक दिन आपसे छीन लिया जायेगा; ईश्वर का प्रेम ही एकमात्र सत्य है। अन्य कुछ भी नहीं; बाकी सब मिथ्या स्वप्न हैं। उनसे दूर हो जाइये। प्रतिक्षण मैं देख रहा हूँ कि यह कितना आवश्यक है। ईश्वर ने मुझे योगदा सत्संग/सेल्फ़-रियलाइज़ेशन के कार्य के साथ बाँध दिया है, और इसलिये मैं उनसे कहता रहता हूँ: "मैं केवल आपके लिये ही कार्य करूँगा।" तब मैं अपने अन्तर् में परमानन्द का अनुभव करता हूँ।

*—श्री श्री परमहंस योगानन्द,*

*"The Divine Romance"*

सर्वप्रथम ईश्वर को प्रसन्न करने का प्रयत्न कीजिये। सबको प्रसन्न करना असंभव है। मेरा प्रयास होता है कि कभी किसी को अप्रसन्न न करूँ। मैं अपना सर्वोच्च करता हूँ और इतना ही मैं कर सकता हूँ। मेरा प्रथम लक्ष्य ईश्वर को प्रसन्न करना है। मैं अपने हाथों का उनके आगे श्रद्धा के साथ प्रार्थना करने में, मेरे पैरों का उन्हें सर्वत्र खोजने में, मेरे मन का उनकी नित्य उपस्थिति के चिंतन में उपयोग करता हूँ। विचार के हर सिंहासन पर प्रभु ही विराजित होने चाहियें—शान्ति के रूप में प्रभु, प्रेम के रूप में प्रभु, दया के रूप में प्रभु, समझ के रूप में प्रभु, करुणा के रूप में प्रभु, ज्ञान के रूप में प्रभु। मैं आपको बस यही बताने आया हूँ; और कुछ नहीं।

*—श्री श्री परमहंस योगानन्द,*
*"मानव की निरन्तर खोज"*

हमेशा ऐसे लोगों की संगति कीजिये जो ईश्वर एवं महान् गुरुओं के प्रति निष्ठावान् हैं और आप अपने जीवन को सर्वोत्तम जीवन बनता देखेंगे। सेल्फ़-रियलाइज़ेशन [योगदा सत्संग] शिक्षाओं के सत्य के प्रति निष्ठावान् बने रहिये, तब आप अपने जीवन को परमात्मा के वैभव से एवं उनकी महिमा से भरा पायेंगे।

*—श्री श्री परमहंस योगानन्द,*
*प्रवचन*

मैं यह पवित्र शपथ लेता हूँ: हे प्रभु! मेरे प्रेम की तेजोमय दृष्टि, कभी भी आपके विचार के क्षितिज से नीचे नहीं उतरेगी। मैं अपने नेत्रों की उर्ध्व-दृष्टि को आपके सिवा किसी अन्य वस्तु पर नहीं डालूँगा। मैं कभी भी ऐसा कुछ नहीं करूँगा जो मुझे आपका स्मरण न कराये।

*—श्री श्री परमहंस योगानन्द,*
*"Whispers from Eternity"*

*श्री श्री राजर्षि जनकानन्द का जन्म दिवस*

1953 में हुए सेल्फ़-रियलाइज़ेशन फ़ेलोशिप कॉनवोकेशन को संबोधित करते हुए राजर्षि ने कहा था:

"मेरे पास आपको देने के लिये जो कुछ भी है, वह है गुरुदेव तथा ईश्वर की चेतना। इस महान् क्रांति के लिये गुरुदेव की इच्छाओं को पूरा करने के अतिरिक्त मुझे और कुछ भी कहना या करना नहीं है। और इन दिनों वे आपके लिये जो कर रहे हैं वह मेरा नहीं है। मैं उनका केवल छोटा-सा 'बालक' हूँ जैसा वे कहते थे; और मैं कभी भी एक छोटे बालक से अधिक कुछ और नहीं रहूँगा क्योंकि यह सदा गुरुदेव, परमहंसजी, ही होंगे, जो मेरा प्राण हैं और आप सबको मेरा आशीर्वाद भी।"

—*श्री श्री राजर्षि जनकानन्द,*
*"Rajarsi Janakananda: A Great Western Yogi"*

सच्चे भक्तों को ईश्वर की भक्ति में कट्टर कहा जा सकता है। ईश्वर-निष्ठा ही एकमात्र उचित प्रकार का दुराग्रह है—दिन और रात, दिन और रात, केवल उनके विषय में ही सोचना। इस प्रकार की निष्ठा के बिना ईश्वर को पाना असंभव है। जो लोग क्रिया के अभ्यास से कभी नहीं चूकते, और जो ध्यान में लम्बे समय तक बैठते हैं एवं ईश्वर से गहन प्रार्थना करते हैं, वे उस चिर-वांछित खज़ाने को अवश्य प्राप्त करेंगे।

*—श्री श्री परमहंस योगानन्द,*
*"मानव की निरन्तर खोज"*

अब और विचलित न हों।...*सेल्फ़-रियलाइज़ेशन फ़ेलोशिप [योगदा सत्संग सोसाइटी ऑफ़ इण्डिया]* के माध्यम से ईश्वर ने जो सत्य भेजा है उसका अनुसरण कीजिये और आप सदा के लिये धन्य हो जायेंगे। मेरे हृदय की बाँसुरी के माध्यम से ईश्वर आपको सदा बुला रहे हैं। मैं आपसे आग्रह करता हूँ, उन्हें मत भूलिये! हमारे शरीर नष्ट हो सकते हैं, परन्तु हमारी आत्माओं को ईश्वर के हृदय में शाश्वत सितारों की तरह सदा चमकने दीजिये।

*—श्री श्री परमहंस योगानन्द,*
*"The Divine Romance"*

आप देखेंगे कि यदि आप ईश्वर के प्रति अपनी निष्ठा को तोड़ेंगे तो सृष्टि की प्रत्येक वस्तु आपके साथ विश्वासघात करेगी। अतः जब आप प्रतिदिन ध्यान करते हैं, और अपने सांसारिक कर्त्तव्यों को सावधानीपूर्वक पूरा करते हैं तो सुनिश्चित कीजिये कि अन्तर्शान्ति की वेदी पर जलाये हुए आपके मनोयोग के दीप से तेल की एक बूँद भी नीचे न गिरने पाये।"

*—श्री श्री परमहंस योगानन्द,*
*"मानव की निरन्तर खोज"*

ईश्वर सभी में समान रूप से विद्यमान हैं; परन्तु वे आध्यात्मिक प्रवृत्ति के उस निष्ठावान् मनुष्य के हृदय में सबसे अधिक निश्चित रूप से अभिव्यक्त हैं जो सदा केवल उनका ही चिन्तन करता रहता है। अपनी निष्ठा ईश्वर को अर्पित कर आप ईश्वर के साथ एकात्मता स्थापित कर सकते हैं। निष्ठा ईश्वर के ध्यान को आकर्षित करती है। अतः जब जीवन में तूफ़ान आयें, और कठिनाइयों की लहरें आपको थपेड़े मारें, तब आप अपनी जीवन नौका को ईश्वर की सर्वव्यापकता के बोध के सहारे सुरक्षापूर्वक दिव्य किनारे पर लगा सकते हैं।

*—श्री श्री परमहंस योगानन्द,*
*एक "Para-gram" में*

*श्री श्री स्वामी श्रीयुक्तेश्वर गिरि का जन्म-दिवस*

गुरु की संगति में रहने का अर्थ केवल उनकी भौतिक उपस्थिति में रहना नहीं है (क्योंकि कभी-कभी यह संभव नहीं होता), बल्कि मुख्यतः उन्हें अपने हृदय में रखना और उनके साथ तत्त्वतः एक हो जाना तथा उनके साथ तादात्म्य बनाये रखना है।

*—श्री श्री स्वामी श्रीयुक्तेश्वर गिरि,*
*"कैवल्य-दर्शनम्"*

याद रखें कि ईश्वर-प्राप्ति का अर्थ होगा सभी दुःखों का विनाश।

*—श्री श्री स्वामी श्रीयुक्तेश्वर गिरि,*
*"योगी कथामृत" में*

साधुता का अर्थ मूढ़ता नहीं! दिव्य अनुभूतियाँ अयोग्य नहीं बनातीं! सद्‌गुणों की सक्रिय अभिव्यक्ति से तीक्ष्णतम बुद्धि का विकास होता है।"

*—श्री श्री स्वामी श्रीयुक्तेश्वर गिरि,*
*"योगी कथामृत" में*

मोह अन्धा बना देता है; यह इच्छित वस्तु के चारों ओर आकर्षण के एक काल्पनिक मायाजाल की सृष्टि कर देता है।

*—श्री श्री स्वामी श्रीयुक्तेश्वर गिरि,*
*"योगी कथामृत" में*

जो सदा मुझसे युक्त हैं, और प्रेमपूर्वक मेरी आराधना करते हैं, उन्हें मैं वह मेधा (बुद्धियोग) प्रदान करता हूँ, जिसके द्वारा वे मुझे पूर्ण रूप से प्राप्त करते हैं।

*—भगवान् श्रीकृष्ण,*
*"श्रीमद्भगवद् गीता" में*

आपकी अच्छी आदतें साधारण और परिचित परिस्थितियों में तो आपकी सहायक होती हैं, किन्तु नई समस्या के उठने पर आपका पर्याप्त रूप से मार्गदर्शन नहीं कर सकतीं। उस परिस्थिति में विवेक आवश्यक होता है।

मनुष्य एक स्वचालित मशीन नहीं है और इसलिये वह केवल निर्धारित नियमों और कड़े नैतिक उपदेशों का पालन करते हुए सदा विवेकपूर्ण जीवन नहीं बिता सकता। तरह-तरह की दैनिक समस्याओं और घटनाओं में हमें उत्तम निर्णय लेने की योग्यता को बढ़ाने का अवसर मिलता है।

*—श्री श्री परमहंस योगानन्द,*
*"परमहंस योगानन्द के वचनामृत"*

सत्यवादी बनने की अभिलाषा में अपने सब रहस्यों का प्रचार न करें। यदि आप विवेकहीन मनुष्यों को अपनी सब दुर्बलताओं के विषय में बता देंगे, तो भविष्य में जब वे आपको हानि पहुँचाना चाहेंगे तब आपका मज़ाक उड़ाकर अच्छा आनन्द लूटेंगे। आप उन्हें यह "गोला-बारूद" क्यों दें? इस तरीके से बोलिये एवं कार्य कीजिये कि उससे आपको और दूसरों को स्थायी आनन्द मिले।

*—श्री श्री परमहंस योगानन्द,*
*योगदा सत्संग पाठ*

बिना पूर्ण विश्वास और श्रद्धा के किसी आध्यात्मिक प्रथा में निष्ठा रखना पाखण्ड है। किसी प्रथा के बाह्य कर्मकाण्ड से चिपके बिना, उसके पीछे विद्यमान सत्य में निष्ठा का होना, विवेक है। परन्तु आध्यात्मिक प्रथा, सिद्धान्त, गुरु, इनमें से किसी के भी प्रति निष्ठा न होना आध्यात्मिक पतन है। ईश्वर और उनके दूत का साथ न छोड़िये, तब आप प्रत्येक वस्तु में उनके हाथ को कार्यरत देखेंगे।

*—श्री श्री परमहंस योगानन्द,*
*"योगदा सत्संग पत्रिका"*

## 18 मई — विवेक

किसी समस्या का निरन्तर मानसिक पुनरवलोकन न करते रहें। बीच-बीच में उसे विश्राम दें कि यह स्वतः ही हल हो जाये; परन्तु इसका ध्यान रखें कि आपका विश्राम इतना लम्बा न हो कि आपका विवेक खो जाये। बल्कि, विश्राम के इन क्षणों का प्रयोग अपनी अन्तरात्मा के शान्त क्षेत्रों की गहराइयों में उतरने के लिये करें।

*—श्री श्री परमहंस योगानन्द,*
*"सफलता का नियम"*

अपने विवेक को सदा जागृत रखिये। जिन चीजों से आपको लाभ न हो उनसे दूर रहिये और कभी भी अपना समय निष्क्रियता में नष्ट मत कीजिये।

*—श्री श्री परमहंस योगानन्द,*
*प्रवचन*

जब मनुष्य थोड़ा-सा प्रबुद्ध होता है तो वह जागृत अवस्था में प्राप्त भौतिक जगत् सम्बन्धी अपने अनुभवों की तुलना स्वप्नावस्था में प्राप्त अनुभवों से करता है; और स्वप्नावस्था के अनुभवों को कल्पना मात्र जानकर जागृतावस्था के अनुभवों के तात्त्विक अस्तित्व के विषय में शंका करने लगता है। तब उसका हृदय ब्रह्माण्ड के वास्तविक स्वरूप को जानने के लिये उत्सुक हो उठता है, तथा अपनी शंकाओं का समाधान करने के लिये संघर्ष करते हुए वह उस प्रमाण को खोजने का प्रयास करता है, जिससे वह निश्चय कर सके कि सत्य क्या है। इस अवस्था में मनुष्य को क्षत्रिय कहा जाता है; और उपरोक्त कथनानुसार संघर्ष करना उसका स्वाभाविक कर्त्तव्य बन जाता है। इस कर्त्तव्य की पूर्ति से उसे सृष्टि के रहस्य को भेदनेवाली अंतर्दृष्टि मिल सकती है तथा वह सृष्टि का वास्तविक ज्ञान प्राप्त कर सकता है।

*—श्री श्री स्वामी श्रीयुक्तेश्वर गिरि,*
*"कैवल्य दर्शनम्"*

वह सबसे अधिक बुद्धिमान है जो ईश्वर को खोजता है। वह सर्वाधिक सफल है, जिसने ईश्वर को पा लिया है।

*—श्री श्री परमहंस योगानन्द,*
*"सफलता का नियम"*

बाहर से ठूँसने से ज्ञान प्राप्त नहीं होता। आपकी अन्तर्ग्रहणशीलता की शक्ति एवं क्षमता यह निर्धारित करती है कि आप सच्चे ज्ञान को कितनी मात्रा में और कितनी जल्दी ग्रहण कर सकते हैं।

*—श्री श्री परमहंस योगानन्द,*
एक *"Para-gram"* में

परम ज्ञान अर्जित करने के लिये प्रत्येक प्रकार के मानवीय अनुभव से गुज़रना आवश्यक नहीं है। आपको दूसरों के जीवन का अध्ययन कर सीखने में सक्षम होना चाहिये। अनन्त घटनाओं के चक्रव्यूह में असहाय रूप से यह पता लगाने के लिये क्यों प्रवेश किया जाये कि इस संसार में ऐसा कुछ भी नहीं है, जो आपको कभी भी सुखी बना सके?

*—श्री श्री परमहंस योगानन्द,*
*"मानव की निरन्तर खोज"*

यह जीवन ईश्वर के द्वारा लिखित एक उत्कृष्ट उपन्यास है, और यदि मनुष्य केवल बुद्धि से उसे समझना चाहे तो वह पागल हो जायेगा। इसीलिये मैं तुमसे अधिक ध्यान करने को कहता हूँ। अपने अन्तर्ज्ञान के जादुई प्याले का विस्तार करो और तब तुम अनन्त ज्ञान के महासागर को धारण करने के योग्य हो जाओगे।

*—श्री श्री परमहंस योगानन्द,*
*"परमहंस योगानन्द के वचनामृत"*

सच्चे ज्ञान का विकास करने के लिये जो सबसे प्रभावशाली उपाय आप कर सकते हैं वह इस जगत् को एक स्वप्न के रूप में देखने का अभ्यास करना है। यदि असफलता आती है तो कहिये, "यह स्वप्न है।" फिर असफलता के विचार को अपने मन से निकाल दीजिये। प्रतिकूल परिस्थितियों के बीच सकारात्मक और रचनात्मक विचार एवं कार्यों द्वारा "प्रतिरोध" करने का अभ्यास कीजिये।

*—श्री श्री परमहंस योगानन्द,*
*"मानव की निरन्तर खोज"*

जब आप सृष्टि पर दृष्टि डालते हैं, जो इतनी ठोस और वास्तविक प्रतीत होती है, तो सदा इसे ईश्वर के मन के स्थूल रूप धारण किये हुए विचारों के रूप में सोचने का स्मरण रखें।

*—श्री श्री परमहंस योगानन्द,*
*योगदा सत्संग पाठ*

आपके सच्चे व्यक्तित्व का विकास तभी शुरु होता है जब आप गहरे अंतर्ज्ञान द्वारा यह अनुभव करने में सक्षम हो जाते हैं कि आप यह ठोस शरीर नहीं बल्कि शरीर के भीतर विद्यमान जीवन एवं चैतन्य का दिव्य शाश्वत प्रवाह हैं।

*—श्री श्री परमहंस योगानन्द,*
*"मानव की निरन्तर खोज"*

ऋषियों ने केवल एक सूत्र में जो गूढ़ अर्थ भर रखा है, उस पर युगों-युगों से पण्डितगण टीका करने में पूर्णतः व्यस्त रहे हैं। अन्तहीन साहित्यिक वाद-विवाद आलसी मनों के लिये है। इस विचार की अपेक्षा अधिक शीघ्रता से मुक्ति देने वाला और कौन-सा विचार हो सकता है, कि "ईश्वर हैं" —बल्कि मात्र "ईश्वर?"

*—श्री श्री स्वामी श्रीयुक्तेश्वर गिरि,*
*"योगी कथामृत" में*

इसलिये जो भी मेरे इन वचनों को सुनेगा तथा उनका अनुसरण करेगा, उसकी तुलना मैं उस बुद्धिमान मनुष्य से करूँगा जिसने चट्टान पर अपना घर बनाया: वर्षा हुई, और बाढ़ आयी, और आँधियाँ चलीं, और उस घर से टकराईं, परन्तु वह नहीं ढहा क्योंकि उसकी नींव चट्टान पर डाली गयी थी।

*—जीसस क्राईस्ट*
*"नव विधान" में*

प्रतिदिन आपको शान्त बैठकर गहरे विश्वास के साथ दृढ़ प्रतिज्ञापन करना चाहियेः "न जन्म, न मृत्यु, न जाति कोई मेरी; पिता न कोई माता मेरी। शिवोऽहं, शिवोऽहं, केवल आत्मा शिवोऽहं। मैं ही अनन्त आनन्द हूँ।" यदि आप बारम्बार, दिन और रात इन विचारों को दोहरायेंगे, तो अन्ततः आप उसका बोध कर लेंगे जो आप वास्तव में हैं: एक अमर आत्मा।

*—श्री श्री परमहंस योगानन्द,*
*"मानव की निरन्तर खोज"*

दुःख, रोग, एवं असफलता ईश्वरीय नियमों के उल्लंघन के स्वाभाविक परिणाम हैं। ऐसे उल्लंघनों से बचना तथा अपनी आत्मा के साथ समरस विचारों एवं कार्यों के द्वारा अपने अन्तर् में शान्ति प्राप्त करना ही बुद्धिमानी है। जीवन के सकारात्मक पहलुओं पर विचारों को केन्द्रित रखते हुए अपने मन का बुद्धिमानी से नियंत्रण कीजिये।

अल्प सांसारिक स्रोतों से प्राप्त ज्ञान की अत्यल्प बूँदों से संतुष्ट न हों; बल्कि, परमात्मा के सर्वसंपन्न, मुक्तहस्तों से अपरिमित ज्ञान को प्राप्त करने का प्रयत्न कीजिये।

*—श्री श्री परमहंस योगानन्द,*

*एक "Para-gram" में*

अपने चित्त को भ्रूमध्य में [जैसा ध्यान में करते हैं] शान्ति के अथाह सरोवर पर स्थिर कीजिये। अपने चारों ओर लहराते शान्ति के अनन्त वृत्त को देखिये। जितना अधिक ध्यान से आप देखेंगे, उतना ही अधिक आप शान्ति की तरंगों को भृकुटियों से ललाट में, ललाट से हृदय में, तथा अपने शरीर की प्रत्येक कोशिका में फैलता अनुभव करेंगे। अब शान्ति के जल की बाढ़ आपके शरीर की सीमाओं को आप्लावित कर रही है और आपके मन के विशाल क्षेत्र को जलमय कर रही है। शान्ति की यह बाढ़ अब आपके मन की सीमाओं को लाँघकर अनन्त दिशाओं में फैल रही है।

*—श्री श्री परमहंस योगानन्द,*
*"Metaphysical Meditations"*

अच्छाई के प्रति समर्पण तथा भक्ति से शान्ति प्राप्त होती है। जो लोग स्नेही हैं, जो निश्चलता का अभ्यास करते हैं, और जिन्हें ध्यान करने में तथा सत्कार्यों में आनन्द आता है, वे वास्तविक रूप से शान्त हैं। शान्ति ईश्वर की वेदी है—वह अवस्था जिसमें सच्चा सुख विद्यमान है।

*—श्री श्री परमहंस योगानन्द,*
*योगदा सत्संग पाठ*

प्रत्येक वर्तमान क्षण को पूर्णता के साथ जीयें और भविष्य अपनी चिन्ता स्वयं करेगा। प्रत्येक पल की भव्यता एवं सौन्दर्य का पूर्ण आनन्द उठायें। शान्ति की उपस्थिति का अभ्यास करें। जितना अधिक आप ऐसा करेंगें, उतना ही अधिक आप अपने जीवन में उस शक्ति के अस्तित्व का अनुभव करेंगे।

*—श्री श्री परमहंस योगानन्द,*
*योगदा सत्संग पाठ*

शांत व्यक्ति तब तक शान्त रहता है जब तक उसे काम न करना हो। फिर वह तत्परता से कार्य में लग जाता है; और जैसे ही उसका कार्य समाप्त हो जाता है, वह पुनः शान्ति के केन्द्र में वापस लौट जाता है। आपको सदा शान्त रहना चाहिये, उस लोलक (pendulum) की तरह जो स्थिर रहता है, परन्तु जब भी आवश्यकता हो, गतिशील होने के लिये तैयार रहता है।

*—श्री श्री परमहंस योगानन्द,*
*योगदा सत्संग पाठ*

यदि आप शान्ति एवं सामंजस्यता के साथ जीना चाहते हैं तो दिव्य प्रशान्तता तथा शान्ति का प्रतिज्ञापन कीजिये, और केवल प्रेम तथा सदिच्छा के विचारों को ही प्रसारित कीजिये। स्वयं देवतासदृश जीवन बितायें और जो भी आपके सम्पर्क में आयेगा, उसकी आपके साथ रहने मात्र से सहायता हो जायेगी।

*—श्री श्री परमहंस योगानन्द,*
*योगदा सत्संग पाठ*

मनोभावों द्वारा नियंत्रित होना पदार्थ जगत् का एक अंश बनकर रहना है। यदि आप अपनी शान्ति को कभी न खोने का दृढ़ संकल्प कर लेंगे, तो आप देवत्व प्राप्त कर सकते हैं। अपने अन्तर् में शान्ति का एक गुप्त कक्ष बनाकर रखिये जिसमें आप मनोभावों, समस्याओं, संघर्षों, या अशान्ति को कभी प्रवेश नहीं करने देंगे। सारी घृणा, प्रतिरोध और कामनाओं को बाहर रखिये। शान्ति के इस कक्ष में ईश्वर आपसे मिलने आयेंगे।

*—श्री श्री परमहंस योगानन्द,*
*योगदा सत्संग पाठ*

जब आपके शरीर की प्रत्येक गतिविधि शान्तिपूर्ण होती है, और जब आपके विचारों में, इच्छा-शक्ति में, प्रेम में, शान्ति होती है, तथा शान्ति एवं ईश्वर आपके लक्ष्य होते हैं, तो समझ लीजिये कि आपने अपने जीवन को ईश्वर से जोड़ लिया है।

*—श्री श्री परमहंस योगानन्द,*
*योगदा सत्संग पाठ*

स्वयं के प्रति ईमानदार रहें। संसार आपके साथ ईमानदार नहीं रहता। संसार पाखण्ड-प्रिय है। जब आप स्वयं के साथ ईमानदार होते हैं तब आप आन्तरिक शांति के मार्ग को पा लेते हैं।

*—श्री श्री परमहंस योगानन्द,*
*प्रवचन*

जब हम दूसरों को ईश्वरीय शान्ति देकर उन्हें प्रसन्न बनाने के आनन्द से भर जाते हैं, तब हम जानेंगे कि ईश्वर हमारे माध्यम से स्वयं को व्यक्त कर रहे हैं।

*—श्री श्री परमहंस योगानन्द,*
*एक "Para-gram" में*

जब भी चिन्ताओं का झुण्ड आपके मन पर आक्रमण करे, उससे प्रभावित होना अस्वीकार कर दें। शान्ति के साथ प्रतीक्षा करें, और समाधान खोजें। चिन्ताओं पर अपनी शान्ति के शक्तिशाली रसायन का छिड़काव करें।

*—श्री श्री परमहंस योगानन्द,*
*एक "Para-gram" में*

प्रत्येक क्षण अनन्तता है, क्योंकि उस क्षण में अनन्तता का अनुभव किया जा सकता है। प्रत्येक दिन, प्रत्येक घंटा, प्रत्येक मिनट, एक झरोखा है जिसमें से आप अनन्तता को देख सकते हैं। जीवन छोटा है, फिर भी यह अन्तहीन है। आत्मा शाश्वत है, परन्तु इस जीवन की अल्पावधि में आपको जितना हो सके, अमरत्व की फसल काट लेनी चाहिये।

*—श्री श्री परमहंस योगानन्द,*
*योगदा सत्संग पाठ*

प्रत्येक वस्तु ईश्वर है। यह कमरा और सम्पूर्ण ब्रह्माण्ड मेरी चेतना के पटल पर एक चलचित्र की भाँति तैर रहे हैं।...मैं इस कमरे की ओर देखता हूँ तो मुझे विशुद्ध ब्रह्म, विशुद्ध प्रकाश, विशुद्ध आनन्द के अतिरिक्त और कुछ नहीं दिखता।...मेरे शरीर एवं तुम सबके शरीरों के तथा इस संसार की सभी वस्तुओं के चित्र उस एक पवित्र प्रकाश से प्रक्षेपित होने वाली किरणें मात्र हैं। मैं उस प्रकाश को देखता हूँ तो मुझे कहीं भी विशुद्ध ब्रह्म के अलावा और कुछ नहीं दिखता।

*—श्री श्री परमहंस योगानन्द,*
*एनसिनिटस, कैलिफोर्निया के एस. आर. एफ़. आश्रम*
*में शिष्यों से वार्तालाप करते हुए।*

अनन्तता मेरे नीचे, ऊपर, बायें, दायें, आगे, पीछे, अन्तर् में, तथा बाहर व्याप्त है।

खुले नेत्रों से मैं स्वयं को एक छोटे-से शरीर के रूप में देखता हूँ। बन्द नेत्रों से मैं स्वयं को वैश्विक केन्द्र के रूप में देखता हूँ जिसके चारों ओर अनन्तता का मण्डल, परमानन्द का मण्डल, एवं सर्वज्ञ, जीवन्त आकाश का मण्डल घूम रहे हैं।

*—श्री श्री परमहंस योगानन्द,*
*"Metaphysical Meditations"*

जब तक हम देह-भाव में डूबे हैं, हम परदेश में अजनबियों के समान हैं। हमारी मातृभूमि 'सर्वव्यापकता' है।

*—श्री श्री परमहंस योगानन्द,*
*"परमहंस योगानन्द के वचनामृत"*

मैं ईश्वर को अपने हृदय से स्रावित होते अनुभव करता हूँ, ठीक वैसे ही जैसे वे सभी हृदयों से, पृथ्वी के समस्त रंध्रों से, आकाश से, सभी सर्जित वस्तुओं से स्रावित होते हैं। वे आनन्द की अनन्त गति हैं। वे शान्ति का दर्पण है, जिसमें सम्पूर्ण सृष्टि प्रतिबिम्बित हुई है।

*—श्री श्री परमहंस योगानन्द,*
*"Metaphysical Meditations"*

सभी व्यक्तियों में ईश्वर को देखना सीखिये, चाहे वे किसी भी जाति या धर्म के हों। जब आप प्रत्येक मानव से अपनी एकरूपता का अनुभव करना प्रारम्भ कर देंगे, तभी आप जानेंगे कि दैवी प्रेम क्या है, उससे पहले नहीं।

*—श्री श्री परमहंस योगानन्द,*
*"सफलता का नियम"*

ब्रह्म का महासागर मेरी आत्मा रूपी नन्हा-सा बुलबुला बन गया है। चाहे जीवन में तैरता रहे या मृत्यु में अदृश्य हो जाये, ब्रह्म-चैतन्य के सागर में मेरे जीवन का बुलबुला कभी नष्ट नहीं हो सकता। मैं अनश्वर चेतना हूँ, जो ब्रह्म के अमरत्व के हृदय में सुरक्षित है।

*—श्री श्री परमहंस योगानन्द,*
*"Metaphysical Meditations"*

एक दिन मैंने रेत के एक बड़े ढेर को देखा, जिस पर एक छोटी चींटी रेंग रही थी। मैंने कहा: "चींटी अवश्य ही यह सोच रही होगी कि वह हिमालय पर्वत का आरोहण कर रही है।" वह ढेर चींटी को तो अत्यधिक विशाल लगा होगा, किन्तु मुझे नहीं। उसी तरह, हम लोगों के लाखों सौर वर्ष ईश्वर के मन में एक मिनट से भी कम हो सकते हैं।

*—श्री श्री परमहंस योगानन्द,*
*"परमहंस योगानन्द के वचनामृत"*

हमें विशाल मापदण्डों में सोचने का अभ्यास करना चाहिये — जैसे शाश्वतता! अनन्तता!

*—श्री श्री परमहंस योगानन्द,*
*"परमहंस योगानन्द के वचनामृत"*

मैं चैतन्य के विमान में उड़ान भरता हूँ, ऊपर, नीचे, बायें, दायें, अन्तर् में, बाहर, सभी तरफ, और देखता हूँ कि अपने अन्तरिक्ष-घर के प्रत्येक कोने में मैं सदा ही अपने परमपिता के पवित्र सान्निध्य में रहा हूँ।

*—श्री श्री परमहंस योगानन्द,*
*"Metaphysical Meditations"*

गहरी निष्ठा प्राप्त करने के लिये हमें ध्यान करना चाहिये। ईश्वर से पहला सम्पर्क प्राप्त होने के बाद हमें उस सम्पर्क को बृहत् से बृहत्तर चेतना में विकसित करने का प्रयास करना चाहिये। जीसस ने सबसे यही करने के लिये कहा था। वे चाहते थे कि सब उनकी सर्वव्यापी चेतना को ग्रहण करें, और ठीक यही परमहंसजी भी सिखाते हैं। वे ईश्वर को हमारे पास लाते हैं और हमसे केवल इतना ही चाहते हैं कि हम उन्हें ग्रहण करें।

*—श्री श्री राजर्षि जनकानन्द,*
*"Rajarsi Janakananda: A Great Western Yogi"*

हे ब्रह्म! हमें शरीर को आपकी वैश्विक ऊर्जा से अनुप्राणित कर स्वस्थ करना सिखायें, मन को एकाग्रता एवं प्रसन्नता द्वारा स्वस्थ करना सिखायें, और आत्मा के अज्ञान के रोग को आप पर ध्यान की दिव्य औषधि के द्वारा स्वस्थ करना सिखायें।

*—श्री श्री परमहंस योगानन्द,*
*"Whispers from Eternity"*

प्रभु पर पूर्ण, संदेहरहित विश्वास तत्क्षण रोगमुक्ति का सर्वोच्च उपाय है। ऐसे विश्वास को जागृत करने के लिये निरन्तर प्रयास करना मनुष्य का सबसे उच्च एवं लाभप्रद कर्त्तव्य है।

*—श्री श्री परमहंस योगानन्द,*
*"Scientific Healing Affirmations"*

अनन्त स्रोत एक अनन्त डायनामो है जो निरन्तर आत्मा में शक्ति, आनन्द एवं बल प्रवाहित करता रहता है। इसीलिये, आपका अनन्त स्रोत पर जितना अधिक सम्भव हो उतना निर्भर रहना अत्यधिक महत्त्वपूर्ण है।

*—श्री श्री परमहंस योगानन्द,*
*योगदा सत्संग पाठ*

शरीर पर शासन करने वाला मुख्य कारक मन ही है। व्यक्ति को सदा ही मन को रोग, वृद्धावस्था, तथा मृत्यु जैसे मानवीय सीमितताओं के विचारों का सुझाव देने से बचना चाहिये। बल्कि मन को यह सत्य बार-बार बताया जाना चाहिये: 'मैं अनन्त तत्त्व हूँ जो शरीर बन गया है। शरीर, ब्रह्म की अभिव्यक्ति होने के नाते, नित्य-युवा ब्रह्म ही है।'

*—श्री श्री परमहंस योगानन्द,*
*योगदा सत्संग पाठ*

ईश्वर के स्वास्थ्य सम्बन्धी नियमों का पालन कीजिये। मन को शुद्ध रखने का मानसिक स्वास्थ्य नियम शारीरिक स्वास्थ्य नियम की अपेक्षा श्रेष्ठ है, परंतु शारीरिक स्वास्थ्य भी महत्त्वपूर्ण है, और इसकी उपेक्षा नहीं की जानी चाहिये। तथापि, ऐसे कठोर नियमों द्वारा जीवन न जीयें कि आपकी स्वाभाविक आदतों में थोड़ा-सा भी परिवर्तन आपको विचलित कर दे।

*—श्री श्री परमहंस योगानन्द,*
*"Scientific Healing Affirmations"*

शरीर एक कपटी मित्र है। उसे उतना ही दें, जितना आवश्यक है; उससे अधिक नहीं। दुःख और सुख क्षणस्थायी हैं; सभी द्वन्द्वों को शांति के साथ सहन कीजिये, और साथ-ही-साथ स्वयं को उनके प्रभाव से मुक्त करने का प्रयत्न कीजिये। कल्पना ही वह द्वार है, जिसमें होकर रोग तथा उपचार, दोनों प्रवेश करते हैं। अस्वस्थ होने पर भी रोग के अस्तित्व पर विश्वास न करें; यह उपेक्षित अतिथि भाग जायेगा।

*—श्री श्री स्वामी श्रीयुक्तेश्वर गिरि,*
*"योगी कथामृत" में*

असाध्य मानसिक या शारीरिक रोगों की जड़ें सदा ही अवचेतन मन में गहराई से जमी रहती हैं। रोग को उसकी छिपी जड़ों को उखाड़कर ठीक किया जा सकता है। यही कारण है कि चेतन मन द्वारा किये गये प्रतिज्ञापन इतने प्रभावशाली होने चाहियें कि वे अवचेतन मन में प्रवेश कर जायें, जो कि फिर स्वतः ही चेतन मन को प्रभावित करते हैं। शक्तिशाली सचेत प्रतिज्ञापन इस प्रकार अवचेतन मन के माध्यम से मन एवं शरीर पर प्रतिक्रिया करते हैं। और भी अधिक शक्तिशाली प्रतिज्ञापन न केवल अवचेतन, बल्कि अधिचेतन मन में भी पहुँचते हैं, जो चमत्कारी शक्तियों का जादुई भण्डार है।

*—श्री श्री परमहंस योगानन्द,*
*"Scientific Healing Affirmations"*

"चिकित्सकों को भौतिक पदार्थों के लिये निर्धारित ईश्वरीय नियमों के अनुसार रोग-निवारण का कार्य करना चाहिये," श्रीयुक्तेश्वर कहते थे। पर वे मानसिक उपचार की श्रेष्ठता की प्रशंसा करते थे और प्रायः कहा करते थे: "ज्ञान ही सर्वोच्च परिष्कारक है।"

*—श्री श्री परमहंस योगानन्द,*
*"योगी कथामृत"*

मैं सब रोगों को स्वास्थ्य नियमों के मेरे उल्लंघन का परिणाम मानूँगा और इस दोष को मैं उचित आहार, कम आहार, उपवास, अधिक व्यायाम, एवं उचित विचारों के द्वारा दूर करने का प्रयत्न करूँगा।

*—श्री श्री परमहंस योगानन्द,*
*"Metaphysical Meditations"*

स्वतन्त्रता का अर्थ है, आत्मा के मार्गदर्शन में कार्य करने की क्षमता, न कि वासनाओं और आदतों की विवशता में। अहं के अनुसार चलने पर बन्धन और आत्मा के अनुसार चलने पर मोक्ष प्राप्त होता है।

*—श्री श्री परमहंस योगानन्द,*
*"परमहंस योगानन्द के वचनामृत"*

कर्म करने से पहले आप स्वतन्त्र हैं, परन्तु कर्म करने के बाद उस कर्म का प्रभाव आपका पीछा करेगा; भले ही आप इसे चाहें या न चाहें। यही कर्म सिद्धान्त है। आप एक स्वतन्त्र जीव हैं, लेकिन जब आप कोई निश्चित कार्य करते हैं, तो आपको उस कार्य का परिणाम भोगना होगा।

*—श्री श्री परमहंस योगानन्द,*
*योगदा सत्संग पाठ*

यदि मनुष्य चाहे तो उसकी मुक्ति अन्तिम एवं तुरन्त हो सकती है; यह बाह्य नहीं अपितु आन्तरिक विजयों पर निर्भर है।

*—श्री श्री परमहंस योगानन्द,*
*"योगी कथामृत"*

*श्री ज्ञानमाता का जन्म दिवस*

दूसरों की सेवा ही मुक्ति का मार्ग है। ध्यान तथा ईश्वर के साथ समस्वरता ही सुख का मार्ग है।...अपने अहं की दीवारें गिरा दें; स्वार्थ का त्याग कर दें; स्वयं को देहबोध से मुक्त कर लें; अपने अस्तित्व को भुला दें; जन्म-जन्मांतरों के इस कारागार से निकल जायें; अपने हृदय को सबमें विलीन कर दें, सम्पूर्ण सृष्टि के साथ एक हो जायें।

*—श्री श्री परमहंस योगानन्द,*
*योगदा सत्संग पाठ*

आप नहीं जानते आप कितने भाग्यशाली हैं कि आपने एक मानव रूप में जन्म लिया है। इस रूप में आप किसी भी अन्य जीव से अधिक भाग्यशाली हैं। पशु ध्यान करके ईश्वर-सम्पर्क नहीं कर सकता। आपके पास ईश्वर को खोजने की स्वतन्त्रता है और आप उसका उपयोग नहीं करते।

*—श्री श्री परमहंस योगानन्द,*
*"मानव की निरन्तर खोज"*

इच्छाओं, प्रलोभनों, परेशानियों, एवं चिन्ताओं की एक ज़ंजीर से आत्मा शरीर के साथ बंधी हुई है और यह स्वयं को मुक्त करने का प्रयास कर रही है। यदि आप उस ज़ंजीर को तोड़ने का प्रयास करते रहें जो आपको मर्त्य चेतना से बाँधे हुए है, तो किसी दिन एक अदृश्य दिव्य हाथ हस्तक्षेप करेगा और उस ज़ंजीर को तोड़ देगा, और आप मुक्त हो जायेंगे।

*—श्री श्री परमहंस योगानन्द,*
*"मानव की निरन्तर खोज"*

जो मन में आये वही कर पाना कार्य-स्वतन्त्रता का वास्तविक अर्थ नहीं है। आपको यह समझना चाहिये कि किस सीमा तक आप स्वतन्त्र हैं, और किस सीमा तक बुरी आदतों द्वारा नियन्त्रित हैं। सदाचारी रहने की आदत हो गयी है केवल इसलिये सदाचारी होना भी स्वतन्त्रता नहीं है। प्रलोभित होना पाप नहीं है, परन्तु उस प्रलोभन का विरोध करना एवं उसे जीतना महानता है; यही स्वतन्त्रता है, क्योंकि तब आप स्वतन्त्र इच्छा एवं स्वतन्त्र निर्णय से ही कार्य कर रहे होते हैं।

*—श्री श्री परमहंस योगानन्द,*
*योगदा सत्संग पाठ*

जब विवेक एवं उचित कर्म के द्वारा मनुष्य अपने मन में संग्रहित बुरी प्रवृत्तियों के बीजों को "भून" डालता है, तब मस्तिष्क की प्रत्येक सूक्ष्म कोशिका, ज्ञान, प्रेरणा एवं स्वास्थ्य के उस तेजस्वी राजा का सिंहासन बन जाती है, जो शरीर की सभी प्रज्ञावान कोशिकाओं को ईश्वर की महिमा गाकर एवं उपदेश कर सुनाता है। जिन मनुष्यों ने यह अवस्था प्राप्त कर ली है वे वास्तविक रूप से मुक्त हैं। ऐसी मुक्तात्माओं को आगे के जन्मों में कर्म स्पर्श नहीं कर सकता, और वे केवल कर्मबंधन में फँसे हुए लोगों के अश्रु पोंछने के लिये ही जन्म ग्रहण करते हैं। ये मुक्त महात्मा अदृश्य आरोग्यकारी प्रकाश से घिरे होते हैं। वे जहाँ भी जाते हैं, समृद्धि एवं स्वास्थ्य का प्रकाश फैलाते हैं।

*—श्री श्री परमहंस योगानन्द,*
*योगदा सत्संग पाठ*

स्वामी श्रीयुक्तेश्वर ने परमहंस योगानन्द से कहा था:

"इच्छा-स्वातंत्र्य जन्मपूर्व एवं जन्मोपरान्त आदतों या मानसिक सनकों के अनुसार कार्यों को करने में नहीं, बल्कि विवेक एवं मुक्त इच्छा के अनुसार कार्य करने में निहित है। तुम यदि अपनी इच्छा को मेरी इच्छा [प्रज्ञा द्वारा निर्देशित गुरु की इच्छा] के साथ एकरूप कर लोगे, तो तुम्हें मुक्ति मिल जायेगी।"

*—श्री श्री स्वामी श्रीयुक्तेश्वर गिरि,*
*योगदा सत्संग पाठ*

दृढ़ निश्चय कर लीजिये कि आप समस्याओं से प्रभावित नहीं होंगे; आप चिड़चिड़े नहीं बनेंगे; आप आदतों एवं मनोभावों के शिकार नहीं बनेंगे; आप एक पंछी की तरह स्वतन्त्र बनेंगे।

*—श्री श्री परमहंस योगानन्द,*
*"योगदा सत्संग पत्रिका"*

आप जब तक ध्यान एवं ज्ञान की अग्नि में पूर्व कर्मों के बीजों को जला नहीं देते तब तक आप मुक्त नहीं हो सकते।

*—श्री श्री परमहंस योगानन्द,*
*"योगदा सत्संग पत्रिका"*

अपने सामने दमकते अपने लक्ष्य के अतिरिक्त कुछ भी न देखें, किसी और वस्तु पर दृष्टि न डालें। हमारे साथ क्या होता है इससे फर्क नहीं पड़ता; उसके द्वारा हम क्या बन जाते हैं, इससे फर्क पड़ता है। प्रतिदिन, अपने पास सब कुछ ईश्वर से आता हुआ स्वीकार करें। रात्रि को, वापस सब कुछ प्रभु के हाथों में सौंप दें।

*—श्री ज्ञानमाता,*

*"God Alone : The Life and Letters of a Saint"*

जीवन के प्रति नकारात्मक दृष्टिकोण से बचो। जब हमारे चारों ओर सौन्दर्य है तो गन्दी नालियों की ओर क्यों देखें? कोई व्यक्ति कला, संगीत और साहित्य की उत्कृष्ट कृतियों में भी दोष निकाल सकता है। किन्तु क्या उनकी मनोहरता और भव्यता का आनन्द लेना बेहतर नहीं है?

उजाला और अँधेरा जीवन के दो पहलू हैं, क्योंकि सापेक्षता का यह संसार प्रकाश और छाया की रचना है। यदि तुम अपने विचारों को बुराई पर ही रखोगे तो तुम स्वयं कुरूप हो जाओगे। प्रत्येक वस्तु में केवल अच्छाई को ही देखो ताकि तुम सौन्दर्य के गुण को आत्मसात् कर पाओ।

*—श्री श्री परमहंस योगानन्द,*
*"परमहंस योगानन्द के वचनामृत"*

मैं दूसरों से कुछ अपेक्षा नहीं रखता, अतः दूसरों के कार्य मेरी इच्छा के विपरीत नहीं हो सकते।

*—श्री श्री स्वामी श्रीयुक्तेश्वर गिरि,*
*"योगी कथामृत" में*

जब तुमसे कहा जाये कि तुम अच्छे हो तो तुम्हें आराम से न बैठकर और अधिक अच्छा बनने का प्रयास करना चाहिये। तुम्हारी निरन्तर उन्नति तुम्हें, तुम्हारे चारों ओर के लोगों, तथा ईश्वर को भी प्रसन्नता प्रदान करती है।

*—श्री श्री परमहंस योगानन्द,*
*"परमहंस योगानन्द के वचनामृत"*

दूसरों के दोषों से तुम्हें कोई प्रयोजन नहीं रखना चाहिये। ज्ञानरूपी सफाई के पाउडर का उपयोग अपने मन के कमरों को उज्ज्वल और बेदाग रखने के लिये करो। तुम्हारे उदाहरण द्वारा अन्य व्यक्ति अपने घर की सफाई करने की प्रेरणा प्राप्त करेंगे।

*—श्री श्री परमहंस योगानन्द,*
*"परमहंस योगानन्द के वचनामृत"*

केवल वर्तमान में जियें, भविष्य में नहीं। आज अपना सर्वोत्तम प्रयास कीजिये, कल की प्रतीक्षा में मत बैठिये।

*—श्री श्री परमहंस योगानन्द,*
*"योगदा सत्संग पत्रिका"*

श्री ज्ञानमाता को श्रद्धांजलि अर्पित करते हुए परमहंस योगानन्दजी ने कहा था: "मैंने सिस्टर [श्री ज्ञानमाता] को कभी किसी की निंदा करते न देखा न सुना; कभी उनके मुख से कोई प्रतिकूल शब्द नहीं सुना। जिन शिष्यों को उन्हें जानने का सौभाग्य प्राप्त हुआ था, उन्होंने उनसे नयी प्रेरणा प्राप्त की, और उन सभी ने कहा, 'वे सचमुच एक सन्त हैं।'"

*—श्री श्री परमहंस योगानन्द,*
*"God Alone: The Life and Letters of a Saint"*

अनासक्ति, दाता के रूप में ईश्वर का बोध, एवं अविचलित धैर्य—ये तीन निर्देश एवं ध्यान, जीवन का एकमात्र नियम है जिसकी किसी भी शिष्य को आवश्यकता होगी। जब तक हम में इनमें से किसी एक का भी अभाव है, तब तक हम में एक गम्भीर आध्यात्मिक दोष विद्यमान है, जिस पर हमें विजय प्राप्त करना है।

*—श्री ज्ञानमाता,*
*"God Alone : The Life and Letters of a Saint"*

यदि मुझे अपनी पसन्द से कोई सर्वोत्कृष्ट उपहार आपको देना होता, तो वह होता ईश्वर एवं गुरु के प्रति, जीवन के प्रति, आपके काम के प्रति, आपकी मण्डली के अन्य लोगों के प्रति आदर्श मनोवृत्ति।

परन्तु सर्वोत्कृष्ट उपहार खरीदकर नहीं दिये जा सकते। आत्मा के उपहारों और आशीर्वादों को धैर्य के साथ किये गये दैनिक अभ्यास से ही प्राप्त किया जा सकता है। सब कुछ निश्चित रूप से यथासमय आपका हो जाएगा, क्योंकि यदि आप उन्हें उन परस्थितियों में प्राप्त नहीं कर सकते जिनमें ईश्वर ने आपको रखा है, तो, सम्पूर्ण जगत् में और कहाँ वे प्राप्त हो सकते हैं?

*—श्री ज्ञानमाता,*
*"God Alone : The Life and Letters of a Saint"*

एक बार जब मैं ध्यान कर रहा था तो मैंने ईश्वर की वाणी की अपने अन्तर में फुसफुसाहट सुनी: "तुम कहते हो मैं दूर हूँ, *परन्तु तुम ही अन्दर नहीं आये*। इसलिये तुम कहते हो मैं दूर हूँ। मैं सदा भीतर ही हूँ। भीतर आओ तो तुम मुझे देख लोगे। मैं तुम्हारा स्वागत करने के लिये नित्य यहाँ उपस्थित हूँ।"

*—श्री श्री परमहंस योगानन्द,*
*"मानव की निरन्तर खोज"*

जब आप ध्यान करते हैं, तब अपने मन को पूर्ण रूप से ईश्वर में लीन कर दीजिये और जब आप कोई काम कर रहे हों तो अपने पूरे मन से उसे कीजिये। किन्तु जैसे ही आपका काम समाप्त हो जाये, अपने मन को ईश्वर पर केन्द्रित कीजिये। जब ईश्वर के विषय में सोचने के लिये आपको उपलब्ध प्रत्येक क्षण में आप ईश्वर के सान्निध्य का अभ्यास करना सीखेंगे, तब कार्य करते हुए भी आप ईश्वरीय सम्पर्क के प्रति सचेत रहेंगे।

*—श्री श्री परमहंस योगानन्द,*
*"योगदा सत्संग पत्रिका"*

जब भी तुम्हारा मन असंख्य सांसारिक विचारों की भूलभुलैया में भटके, तो धैर्यपूर्वक इसे अन्तर्वासी परमात्मा की याद में लगाओ। समय आने पर तुम पाओगे कि वे सदा तुम्हारे साथ हैं—एक ईश्वर जो तुमसे तुम्हारी ही भाषा में बातें करते हैं, जिनका चेहरा प्रत्येक फूल, पौधे और घास की पत्ती में से तुम्हारी ओर झाँकता है।

तब तुम कहोगे: "मैं मुक्त हूँ। मैं परमतत्त्व के महीन वस्त्र में लिपटा हूँ; मै प्रकाश के पंखों पर धरती से स्वर्ग की ओर उड़ता हूँ।" और असीम आनन्द तुम्हारे अस्तित्व को समाहित कर लेगा।

*—श्री श्री परमहंस योगानन्द,*
*"परमहंस योगानन्द के वचनामृत"*

ईश्वर तक पहुँचा जा सकता है। उनसे बातें करने एवं शास्त्रों में उनके वचन सुनने, उनका चिंतन करने, ध्यान में उनके सान्निध्य का अनुभव करने के द्वारा आप देखेंगे कि वे अयथार्थ-तत्त्व [ईश्वर] धीरे-धीरे वास्तविक होते जा रहे हैं, और यह जगत् जिसे आप वास्तविक समझते हैं, असत्य लगने लगेगा। उस अनुभूति के समान अन्य और कोई आनन्द नहीं है।

*—श्री श्री परमहंस योगानन्द,*
*"मानव की निरन्तर खोज"*

## 25 जुलाई



*श्री श्री महावतार बाबाजी स्मृति दिवस*

महावतार बाबाजी ने सभी निष्ठावान् क्रियायोगियों की परम लक्ष्य के उनके पथ पर रक्षा एवं मार्गदर्शन करने का वचन दिया है।...लाहिड़ी महाशय ने कहा है, "जब भी कोई श्रद्धा के साथ बाबाजी का नाम लेता है, वह भक्त तत्क्षण एक दिव्य आशीर्वाद को आकर्षित करता है।"

*—श्री श्री परमहंस योगानन्द,*
*"योगी कथामृत"*

भले ही मैं इस संसार में कार्यों का आयोजन एवं सम्पादन कर रहा हूँ, परन्तु वह केवल ईश्वर को प्रसन्न करने के लिये है। मैं अपना परीक्षण करता हूँ: कार्य करते हुए भी मैं अन्तर् में फुसफुसाता हूँ, "आप कहाँ हैं प्रभु?" और तब सारा जगत् बदल जाता है। एक भव्य प्रकाश के अतिरिक्त कुछ भी नहीं होता और मैं उस प्रकाश के सागर में एक नन्हा-सा बुलबुला होता हूँ। ईश्वर में जीने का आनन्द इतना महान् है।

*—श्री श्री परमहंस योगानन्द,*
*"मानव की निरन्तर खोज"*

पूरे दिन को मूर्खताओं से भर देना कितना आसान है, और उसे उपयुक्त कार्यों एवं विचारों से भरना कितना मुश्किल! फिर भी हम क्या कर रहे हैं इसमें ईश्वर की इतनी रुचि नहीं है, जितनी की इसमें कि हमारा मन कहाँ है। प्रत्येक मनुष्य की अपनी अलग समस्या होती है, परन्तु ईश्वर कोई बहाना नहीं सुनते। वे चाहते हैं कि भक्त का मन उनमें लीन रहे, चाहे परिस्थितियाँ कितनी ही कष्टप्रद क्यों न हों।

*—श्री श्री परमहंस योगानन्द,*
*"मानव की निरन्तर खोज"*

ईश्वर से प्रार्थना करें, "हे प्रभु, आप सृष्टि के स्वामी हैं, इसलिये मैं आपके पास आया हूँ। जब तक आप मुझसे बात नहीं करेंगे और मुझे अपने अस्तित्व का बोध नहीं करायेंगे, मैं प्रयास करना नहीं छोड़ूँगा। मैं आपके बिना नहीं जिऊँगा।"

*—श्री श्री परमहंस योगानन्द,*
*"मानव की निरन्तर खोज"*

ईश्वर का चिंतन न कर पाने का कोई बहाना नहीं हो सकता। दिन और रात, आपके मन की पृष्ठभूमि में चलते रहना चाहिये, प्रभु! प्रभु! प्रभु!... आप चाहे बर्तन धो रहे हों, या गड्ढा खोद रहे हों, या किसी कार्यालय में या बगीचे में कार्य कर रहे हों—चाहे जो भी आप कर रहे हों—अन्तर् में कहते रहें, "प्रभु! मुझे दर्शन दें! आप ठीक यहीं हैं। आप सूर्य में हैं। आप घास में हैं। आप जल में हैं। आप इस कमरे में हैं। आप मेरे हृदय में हैं।"

*—श्री श्री परमहंस योगानन्द,*

*"Journey to Self-realization"*

दिशासूचक यंत्र (कम्पास) को चाहे आप किसी भी ओर घुमायें, उसकी सुई उत्तर की ओर ही संकेत करती है। सच्चा योगी भी ऐसा ही होता है। चाहे वह अनेक कार्यों में व्यस्त हो, किन्तु उसका मन सदा ईश्वर पर ही लगा रहता है। उसका हृदय निरन्तर गाता है: "मेरे प्रभु! मेरे ईश्वर! हे मेरे परमप्रिय!"

*—श्री श्री परमहंस योगानन्द,*
*"परमहंस योगानन्द के वचनामृत"*

जब भी आप एक सुन्दर सूर्यास्त को देखें तो सोचें, "यह आकाश पर ईश्वर का बनाया हुआ चित्र है।" जब आप स्वयं से मिलने वाले प्रत्येक व्यक्ति के चेहरे को देखते हैं तो सोचिये: "यह ईश्वर हैं जिन्होंने यह रूप धारण किया है।" इस विचार पद्धति को सभी अनुभवों में उपयोग में लाइये: "मेरे शरीर का रक्त ईश्वर है; मेरी बुद्धि में तर्क ईश्वर है; मेरे हृदय का प्रेम ईश्वर है; जो कुछ भी अस्तित्व में है, ईश्वर है।"

*—श्री श्री परमहंस योगानन्द,*
*योगदा सत्संग पाठ*

## जन्माष्टमी के लिये विशेष मनन

*भगवान् श्रीकृष्ण का जन्म दिवस*

*भगवान् श्रीकृष्ण का जन्म दिवस भारतीय चांद्रमान पंचांग के अनुसार मनाया जाता है। यह श्रावण मास के कृष्णपक्ष की अष्टमी के दिन होता है जो साधारणतया मध्य-अगस्त से मध्य-सितम्बर के बीच आता है।*

वह जो मुझे सर्वत्र देखता है तथा प्रत्येक वस्तु को मुझमें देखता है, मैं उसकी दृष्टि से कभी ओझल नहीं होता, न ही वह मेरी दृष्टि से कभी ओझल होता है।

वह योगी सदा मुझमें स्थित रहता है, जो, चाहे उसका बाहरी रहन-सहन जैसा भी हो, दिव्य एकत्व में स्थापित रहता है, और मुझे सभी जीवों में व्याप्त हुआ बोध करता है।

हे अर्जुन! सर्वोत्तम योगी वह है जो अन्य लोगों के सुख और दुःख के लिये वैसा ही अनुभव करता है जैसा स्वयं अपने लिये करता है।

*—भगवान् श्रीकृष्ण,*
*"श्रीमद् भगवद्गीता" में*

सब कर्त्तव्यों में सबसे महान् कर्त्तव्य है ईश्वर का सुमिरन करना। प्रातः सर्वप्रथम कर्त्तव्य यही है कि ईश्वर का ध्यान किया जाये और अपने जीवन को उनकी सेवा में कैसे अर्पित करें इसके विषय में सोचा जाये ताकि दिन भर आप उनके आनन्द से भरे रहें।

*—श्री श्री परमहंस योगानन्द,*
*"योगदा सत्संग पत्रिका"*

ईश्वर के प्रति आत्मसमर्पण के अतिरिक्त उनके प्रेम को पाने का और कोई तरीका नहीं है। अपने मन के स्वामी बनिये ताकि आप उसे ईश्वर को अर्पित कर सकें।

*—श्री श्री परमहंस योगानन्द,*

*"The Divine Romance"*

प्रिय परमपिता, चाहे जो भी परिस्थितियाँ मेरे समक्ष आयें, मैं जानता हूँ कि वे मेरे उत्थान की अगली सीढ़ी का प्रतिनिधित्व करती हैं। मैं सभी परीक्षाओं का स्वागत करूँगा क्योंकि मैं जानता हूँ कि मुझमें उन्हें समझने की बुद्धि एवं उन पर विजय पाने की शक्ति विद्यमान है।

*—श्री श्री परमहंस योगानन्द,*
*"Metaphysical Meditations"*

मेरे गुरु श्रीयुक्तेश्वरजी [ने कहा है] : "ईश्वर को जानने के लिये कुछ भी आकांक्षा मत रखो। बस विश्वास के साथ स्वयं को अपने अन्तर् में उनकी आनन्दमय उपस्थिति में झोंक दो।"...भक्त अंततः उन्हें प्राप्त कर लेगा यदि वह सभी अच्छे कार्यों के दौरान ईश्वर का सुमिरन करते हुए उनका आश्रित रहे, तथा अपने सभी कर्मों के परिणाम एवं अपने जीवन की सभी घटनाओं को उन्हें पूर्ण रूप से समर्पित करे।

*—श्री श्री परमहंस योगानन्द,*
*"God Talks With Arjuna: The Bhagvad Gita"*

मैं आपकी हूँ, प्रभु! मैं स्वयं को आपके द्वारा स्वीकार किये जाने के योग्य बनाऊँगी।

मैं अपने प्रभु को ऐसी कोई निरर्थक वस्तु अर्पित नहीं करूँगी जिसका मेरे लिये कोई मूल्य न हो। मैं स्वयं को अपने सभी पूर्वाग्रहों एवं तुच्छताओं के साथ, अपने शरीर को प्रिय प्रत्येक वस्तु के साथ, जलती चिता पर समर्पित कर दूँगी।

मैं प्रतिदिन अपने हृदय को महावतार बाबाजी, लाहिड़ी महाशय, स्वामी श्रीयुक्तेश्वरजी, और मेरे गुरु परमहंस योगानन्दजी के चरणों में लीन कर दूँगी, और उनसे आत्म-साक्षात्कार के उनके बहुरत्नांकित उपहारों को माँगूँगी।

रात्रि की निश्चलता में अपने हृदय की गहराई से मैं पुकारूँगी: "बोलिये प्रभु! आपकी दासी सुन रही है।"

जब अप्रिय कर्त्तव्य करने के लिये पुकारा जायेगा, तो मैं उत्तर दूँगी: "मैं यहाँ हूँ प्रभु; मुझे भेजिये।"

*—श्री ज्ञानमाता,*

*"God Alone: The Life and Letters of a Saint"*

हे प्रभु! मेरी इच्छा-शक्ति की प्रत्येक क्रिया आपकी दैवी शक्ति से आपूरित हो, मेरी प्रत्येक कल्पना, प्रत्येक अभिव्यक्ति, प्रत्येक महत्त्वाकांक्षा को अपनी कृपा से अलंकृत करें। हे दिव्य शिल्पकार, मेरे जीवन को अपनी योजना के अनुसार तराशें!

*—श्री श्री परमहंस योगानन्द,*
*"Whispers from Eternity"*

ईश्वर हमारी विचारधारा को जानते हैं। वे तब तक हमारे सामने प्रकट नहीं होते, जब तक हम अपनी अन्तिम सांसारिक कामना भी उन्हें अर्पित नहीं कर देते; जब तक हममें से प्रत्येक यह नहीं कहता: "हे परमपिता, मेरा मार्गदर्शन कीजिये और मुझे अपना लीजिये।"

*—श्री श्री परमहंस योगानन्द,*
*"परमहंस योगानन्द के वचनामृत"*

जब कोई मुझसे यह कहता है कि ईश्वर के लिये उसने कितना कार्य किया है, तो मैं उसके भाव के ओछेपन को देखता हूँ। जो प्रभु के लिये उचित भाव से कार्य करते हैं वे यह कभी नहीं सोचते कि उन्होंने भगवान् के लिये कितना किया है। बल्कि वे सोचते हैं कि प्रभु उनके लिये कितना कुछ कर रहे हैं—एक शरीर दिया है जिसके द्वारा वे दूसरों की सेवा कर सकते हैं, एक मन दिया है जिसके द्वारा वे प्रभु एवं उनकी महिमा के विषय में सोच सकते हैं, और एक हृदय दिया है जिसके द्वारा वे प्रभु से अपने परमपिता, स्रष्टा, एवं एकमात्र हितकर्ता के रूप में प्रेम कर सकते हैं।

*—श्री श्री परमहंस योगानन्द,*
*"योगदा सत्संग पत्रिका"*

चाहे आप कितना ही कठोर परिश्रम क्यों न करें, कभी भी ईश्वर पर गहनतम ध्यान किये बिना मत सोइये। आप मरेंगे नहीं; परन्तु यदि आवश्यक हो तो ईश्वर के लिये अपने प्राण दे दीजिये।

*—श्री श्री परमहंस योगानन्द,*
*प्रवचन*

"प्रभु! मेरे हाथ और पैर आपके लिये कार्य कर रहे हैं। आपने मुझे इस संसार में एक विशिष्ट भूमिका निभाने के लिये दी है, और मैं इस जगत् में जो कुछ भी कर रहा हूँ वह केवल आपके लिये है।" स्वयं को ईश्वर के प्रति समर्पित कर दीजिये और आप देखेंगे कि आपका जीवन एक सुरीले संगीत के समान बन जायेगा। यदि आप ईश्वर की चेतना को बनाये रख कर प्रत्येक कार्य करेंगे तो आप आनन्द के साथ देखेंगे कि प्रतिदिन वे आपके करने के लिये कुछ विशिष्ट कर्त्तव्य नियोजित कर रहे हैं।

*—श्री श्री परमहंस योगानन्द,*
*प्रवचन*

क्रियायोग भगवद्गीता में बार-बार प्रशंसित वास्तविक "अग्निहोत्र" है। अप्रतिम ईश्वर के लिये उद्दिष्ट अद्वैतवाद के अग्निकुण्ड में योगी अपनी मानवीय अभिलाषाओं की आहुति कर देता है।...सभी अतीत एवं वर्तमान इच्छायें दिव्य-प्रेम की अग्नि में समिधा की भाँति भस्मीभूत हो जाती हैं। परम ज्वाला समग्र मानवी विभ्रान्ति का हवन ग्रहण कर लेती है और मनुष्य निर्मल हो जाता है। मानो उसकी अस्थियाँ वासना-रूपी माँस से रहित हो जाती हैं। उसका कर्मरूपी अस्थि-पंजर ज्ञानसूर्य की पावन किरणों में स्वच्छ हो जाता है तथा मानव और उसके स्रष्टा के सामने वह निरापद बनकर अन्ततः विशुद्ध बन जाता है।

*—श्री श्री परमहंस योगानन्द,*
*"योगी कथामृत"*

ईश्वर की इच्छा सदा ही गुरु के माध्यम से शिष्य की ओर प्रवाहित होती रहती है। यदि हम अपने अनुशासन को सही भाव से स्वीकार करें तो वह हमारे चरित्र को ऐसा बलवान बना देगा जैसा अन्य कुछ भी नहीं कर सकता।

*—श्री ज्ञानमाता,*
*"God Alone: The Life and Letters of a Saint"*

शरीर की वासनाओं के दासत्व को त्याग दीजिये। जब तक आपने अपने शरीर पर आध्यात्मिक रूप से स्वामित्व स्थापित नहीं कर लिया, तब तक शरीर आपका शत्रु है। इसे सदा याद रखें! ईश्वर का नाम फैलाने एवं सदा उनके विषय में सोचने और उनकी महिमा गाने के अतिरिक्त और कोई इच्छा न रखें। कितना आनन्द! क्या धन हमें यह आनन्द दे सकता है? नहीं! यह केवल ईश्वर से प्राप्त होता है।

*—श्री श्री परमहंस योगानन्द,*
*"The Divine Romance"*

मेरे मन का राज्य अज्ञान से मलिन है। प्रभु! मुझे आशीर्वाद दें कि आत्मानुशासन के सतत प्रयासों की निरन्तर वर्षा द्वारा मैं अपनी आध्यात्मिक लापरवाही के नगरों से, अज्ञान के प्राचीन मलबे को हटाने में समर्थ बन सकूँ।

*—श्री श्री परमहंस योगानन्द,*
*"Whispers from Eternity" (प्रार्थनाओं की एक पुस्तक)*

लोहे को आग में लाल होने तक तपाये बिना आप फौलाद नहीं बना सकते। इससे कोई हानि नहीं होती। समस्याओं एवं रोगों में हमारे लिये एक शिक्षा निहित होती है। हमारे दुःखदायी अनुभव हमारे विनाश के लिये नहीं, बल्कि हमें निर्मल करके, शीघ्रता से घर वापस ले जाने के लिये हैं। हमारी मुक्ति के लिये ईश्वर से अधिक व्यग्र कोई और नहीं है।

*—श्री श्री परमहंस योगानन्द,*
*"मानव की निरन्तर खोज"*

मुमुक्षु योगी पूर्व का हो या पश्चिम का, उसे स्वयं को अनुशासित करना ही होगा।...शरीर को अत्यधिक महत्त्व देने से बचना होगा। यदि वह पाता है कि उसके पास बाकी सब चीज़ों के लिये तो समय है परन्तु ईश्वर के लिये नहीं, तो उसे स्वयं पर अनुशासन के कोड़े का प्रयोग करना चाहिये। भयभीत क्यों हों? यहाँ केवल लाभ ही लाभ है। मनुष्य यदि अपनी मुक्ति के लिये स्वयं नहीं तड़पेगा और प्रयास नहीं करेगा, तो क्या अन्य कोई उसके लिये ऐसा करेगा?

*—श्री श्री परमहंस योगानन्द,*
*"मानव की निरन्तर खोज"*

भलाई करने में कभी-कभी हमें पीड़ा सहनी ही होगी।

ईश्वर को पाने हेतु हमें कष्ट सहने के लिये तैयार होना ही चाहिये। ब्रह्म की अनन्त शान्ति प्राप्त करने के लिये शरीर का कष्ट या मन का संयम सहन करना है ही क्या? क्राइस्ट का आनन्द इतना अधिक था कि वे प्रभु के लिये अपना शरीर त्यागने को तैयार थे। जीवन का उद्देश्य ही उस परम आनन्द को प्राप्त करना है—ईश्वर को प्राप्त करना है।

*—श्री श्री परमहंस योगानन्द,*
*"मानव की निरन्तर खोज"*

मैं आध्यात्मिक उन्नति का मूल्यांकन केवल उस प्रकाश के आधार पर नहीं करती जो ध्यान करते व्यक्ति के चारों ओर प्रकट होता है और न ही उसे प्राप्त होने वाले सन्तों के दर्शन के आधार पर, बल्कि इस पर कि जीवन की प्रतिकूल परिस्थितियों को वह किस प्रकार सहन करता है। क्राइस्ट की महानता केवल इसी में नहीं थी कि वे ध्यानस्थ होकर परमपिता के साथ अपने एकत्व का अद्‌भुत ढंग से अनुभव कर सकते थे, बल्कि इसमें कि वे सहन कर सकते थे।

*—श्री ज्ञानमाता,*
*"God Alone : The Life and Letters of a Saint"*

योग निश्चित एवं वैज्ञानिक है। योग का अर्थ है निश्चित एवं ज्ञात परिणाम उत्पन्न करने वाली चरणबद्ध विधियों द्वारा आत्मा और परमात्मा का मिलन। यह धर्माचरण को मत-भिन्नता से ऊपर उठाता है। मेरे गुरु श्रीयुक्तेश्वरजी योग को सर्वोपरि मानते थे, परन्तु उन्होंने कभी इस प्रकार का कोई संकेत नहीं दिया कि इससे ईश्वर-साक्षात्कार तुरन्त मिल जायेगा। "तुम्हें उसके लिये कठोर परिश्रम करना होगा," उन्होंने मुझसे कहा था। मैंने वह परिश्रम किया और जब अपेक्षित परिणाम प्राप्त हुए, तो मैंने देखा कि योग सचमुच अद्‌भुत है।

*—श्री श्री परमहंस योगानन्द,*
*"मानव की निरन्तर खोज"*

ध्यान के द्वारा हम आत्मा के अल्प आनन्द को परमात्मा के विराट् आनन्द के साथ जोड़ देते हैं। ध्यान को सामान्य एकाग्रता नहीं समझना चाहिये। एकाग्रता का अर्थ है मन को विभिन्न चित्त विक्षेपों से मुक्त कर किसी एक इच्छित विषय पर केन्द्रित करना। ध्यान वह विशेष प्रकार की एकाग्रता है जिसमें मन को सभी अशान्तियों से मुक्त कर केवल ईश्वर पर केन्द्रित किया जाता है। अतः, ध्यान वह एकाग्रता है जिसे ईश्वर को जानने के लिये प्रयुक्त किया जाता है।

*—श्री श्री परमहंस योगानन्द,*
*योगदा सत्संग पाठ*

याद रखें कि जितनी अधिक लम्बी अवधि तक आप ध्यान का गहनता से अभ्यास करेंगे, आप मौन ईश्वर से आनन्दकारी सम्पर्क के उतने ही निकट होंगे। प्रत्येक आज का ध्यान बीते हुए कल की अपेक्षा अधिक गहरा करने, और प्रत्येक आनेवाले कल का ध्यान आज की अपेक्षा और अधिक गहरा करने में ही ध्यान की तीव्रता निहित है।

*—श्री श्री परमहंस योगानन्द,*
*योगदा सत्संग पाठ*

यह न कहो: "कल मैं अधिक समय तक ध्यान करूँगा।" तुम अचानक पाओगे कि तुम्हारी सदिच्छायें पूरी होने से पहले ही एक वर्ष बीत गया। बल्कि यह कहो: "शेष सब कुछ प्रतीक्षा कर सकता है, परन्तु मेरी ईश्वर की खोज प्रतीक्षा नहीं कर सकती।"

*—श्री श्री परमहंस योगानन्द,*
*"परमहंस योगानन्द के वचनामृत"*

माया का सबसे विनाशकारी अस्त्र है ध्यान करने की अनिच्छा, क्योंकि इस प्रवृत्ति द्वारा व्यक्ति, ईश्वर एवं गुरु के साथ समरसता स्थापित करने से स्वयं को रोकता है।

*—श्री श्री परमहंस योगानन्द,*
*"Rajarsi Janakananda: A Great Western Yogi"*

महत्त्वपूर्ण बातों को प्राथमिकता दी ही जानी चाहिये। जब आप सुबह जागते हैं तो पहले ध्यान कीजिये। यदि आप यह नहीं करते, तो सारी दुनिया आप पर अपना अधिकार जमाने के लिये टूट पड़ेगी और आप ईश्वर को भूल जायेंगे। रात में नींद आप पर अधिकार जमाये इससे पहले ध्यान कीजिये। ध्यान करने की आदत में, मैं इस प्रकार प्रबल रूप से स्थापित हो चुका हूँ कि रात में जब मैं सोने के लिये लेटता हूँ, तो पाता हूँ कि मैं ध्यान में ही मग्न हूँ। मैं सामान्य रूप में सो ही नहीं सकता। ईश्वर के सान्निध्य में रहने की आदत सबसे अधिक महत्त्वपूर्ण है।

*—श्री श्री परमहंस योगानन्द,*
*"मानव की निरन्तर खोज"*

जब आप ईश्वर की खोज करते हैं तो अल्पकालिक ध्यान को भी इतना तीव्र कीजिये कि आपको ऐसा प्रतीत हो मानो आपने ईश्वर के साथ कई घंटे बिताये हैं।

*—श्री श्री परमहंस योगानन्द,*
*"योगदा सत्संग पत्रिका"*

आप जितना अधिक ध्यान करेंगे उतने ही अधिक दूसरों के लिये सहायक होंगे, और उतनी ही अधिक गहराई से आप ईश्वर के साथ समस्वर होंगे। स्वार्थी लोग आध्यात्मिक रूप से संकीर्ण होते हैं किन्तु निःस्वार्थ लोग अपनी चेतना को विस्तारित करते हैं। जब आप ध्यान में अपनी सर्वव्यापकता का अनुभव करेंगे तब आप ईश्वर को पायेंगे। यदि ईश्वर आप से प्रसन्न हैं, तो सारी प्रकृति आप के साथ समरसता से कार्य करेगी। अपनी सम्पूर्ण आत्मा से प्रभु के साथ बात करना सीखिये।

*—श्री श्री परमहंस योगानन्द,*
*योगदा सत्संग पाठ*

ईश्वर आसानी से आपके क्यों हो जायें? आप, जो धन के लिये इतनी कड़ी मेहनत करते हैं किन्तु भगवत्प्राप्ति के लिये इतनी कम! हिन्दू सन्त हमें बताते हैं कि यदि हम निरन्तर निर्विघ्न प्रार्थना के लिये चौबीस घंटे जितना थोड़ा-सा समय भी दें तो ईश्वर हमारे सामने प्रकट हो जायेंगे अथवा अन्य किसी तरीके से अपनी उपस्थिति दर्शायेंगे। यदि हम प्रतिदिन एक घंटा भी ईश्वर पर प्रगाढ़ ध्यान करें, तो यथासमय वे हमें दर्शन देंगे।

*—श्री श्री परमहंस योगानन्द,*
*"परमहंस योगानन्द के वचनामृत"*

आपके शरीर के साथ चाहे कुछ भी हो जाये, ध्यान कीजिये। ईश्वर से सम्पर्क बनाये बिना रात को कभी भी मत सोइये। आपका शरीर आपको याद दिलाता रहेगा कि आपने अति कठोर परिश्रम किया है और आपको विश्राम की आवश्यकता है, परन्तु जितना अधिक आप उसकी उपेक्षा करेंगे और प्रभु पर केन्द्रित होंगे, उतना ही अधिक आप धधकते अग्निपिण्ड के समान आनन्दमय जीवन से दमक उठेंगे। तब आप जान जायेंगे कि आप शरीर नहीं हैं।

*—श्री श्री परमहंस योगानन्द,*
*"मानव की निरन्तर खोज"*

ध्यान में यदि कोई प्रकाश या छवियाँ न दिखें तो शोक न करो। परमानन्द की अनुभूति में गहरे जाओ, वहाँ ईश्वर की वास्तविक उपस्थिति मिलेगी। "अंश" को नहीं, वरन् "पूर्ण" को ढूँढ़ो।

*—श्री श्री परमहंस योगानन्द,*
*"परमहंस योगानन्द के वचनामृत"*

जितना अधिक गुड़ आप पानी में डालेंगे वह उतना ही अधिक मीठा होगा। उसी प्रकार, जितनी लम्बी अवधि तक आप तीव्रता के साथ ध्यान करेंगे, उतनी ही अधिक आपकी आध्यात्मिक उन्नति होगी।

*—श्री श्री परमहंस योगानन्द,*
*योगदा सत्संग पाठ*

आपके मन के द्वारों के पीछे की शान्ति में कितना आनन्द आपकी प्रतीक्षा कर रहा है, कोई मानवीय वाणी इसे व्यक्त नहीं कर सकती। परन्तु आपको स्वयं को विश्वास दिलाना होगा; आपको ध्यान करके उस परिवेश का निर्माण करना होगा।

*—श्री श्री परमहंस योगानन्द,*
*योगदा सत्संग पाठ*

यदि आप अभी आध्यात्मिक प्रयास कर रहे हैं, तो भविष्य में सब कुछ सुधर जायेगा।

*—श्री श्री स्वामी श्रीयुक्तेश्वर गिरि,*
*"योगी कथामृत" में*

योगाभ्यास करना मानो आधा युद्ध जीतना है। प्रारम्भ में यदि आप उत्साह का अनुभव न भी करें और फिर भी आप अभ्यास करते जायें तो आप ईश्वर के लिये उस अति तीव्र ललक का अनुभव करने लगेंगे जो उन्हें पाने के लिये आवश्यक होती है।

आप प्रयास क्यों नहीं करते? सृष्टि में समस्त सुन्दर वस्तुयें निरन्तर कहाँ से उत्पन्न होती रहती हैं? यदि अनन्त ईश्वर के भण्डार से नहीं तो और कहाँ से महान् आत्माओं की प्रज्ञा जन्म लेती है? और आपके चारों ओर नित्य घटने वाले ये चमत्कार आपको परमात्मा की खोज करने के लिये प्रोत्साहित नहीं कर सकते तो वे क्यों आपको दर्शन दें? उन्होंने आपको प्रेम करने की क्षमता दी है ताकि आप अन्य सब से अधिक उनके लिये ललक रखें। अपने प्रेम और बुद्धि का दुरूपयोग मत कीजिये। और अपनी एकाग्रता एवं बुद्धि को झूठे लक्ष्यों पर नष्ट न कीजिये।

*—श्री श्री परमहंस योगानन्द,*
*"मानव की निरन्तर खोज"*

प्रायः हम स्वयं को बदलने का प्रयास किये बिना दुःख भोगते रहते हैं; इसीलिये हमें स्थायी शान्ति एवं संतोष प्राप्त नहीं होते। यदि हम निरन्तर धैर्यपूर्वक प्रयास करते रहें तो निश्चित ही सभी कठिनाइयों पर विजय प्राप्त कर लेंगे। हमें प्रयास करना ही होगा ताकि हम दुःख से सुख की ओर, निराशा से उत्साह की ओर अग्रसर हो सकें।

*—श्री श्री परमहंस योगानन्द,*
*"मानव की निरन्तर खोज"*

ईश्वर को प्रसन्न करने के लिये कि वे स्वयं को प्रकट करें अटल, अनवरत उत्साह की आवश्यकता होती है। यह उत्साह पाना आपको कोई दूसरा नहीं सिखा सकता। आपको स्वयं ही इसे विकसित करना होगा। "आप एक घोड़े को पानी के पास तो ले जा सकते हैं परन्तु उसे पानी पीने के लिये बाध्य नहीं कर सकते।" तथापि जब घोड़े को प्यास लगती है तो वह बड़ी तत्परता से पानी खोजता है। इसी प्रकार आपके हृदय में भी जब ईश्वर को पाने की तीव्र तृष्णा होगी, जब आप किसी भी अन्य वस्तु को अनुचित महत्त्व नहीं देंगे—चाहे वे सांसारिक परीक्षण हों अथवा शारीरिक—तभी ईश्वर आपके सम्मुख प्रकट होंगे।

*—श्री श्री परमहंस योगानन्द,*
*"ईश्वर से वार्तालाप की विधि"*

जो लोग अपने धर्म के लिये समय नहीं देते वे ईश्वर के या परलोक के विषय में तुरन्त सब कुछ समझने की अपेक्षा नहीं कर सकते। सामान्यतः लोग प्रयास ही नहीं करते, या वे करते भी हैं, तो उनके प्रयास पर्याप्त रूप से गहरे और सच्चे नहीं होते। रात का समय प्रभु के साथ ही बिताना चाहिये। आप आवश्यकता से अधिक सोते हैं और इस प्रकार मूल्यवान् समय नष्ट करते हैं। रात का प्रयोजन संसार के सब आकर्षणों को छिपाने के लिये था कि आप अनन्यचित्त होकर प्रभु के साम्राज्य की खोज कर सकें।

*—श्री श्री परमहंस योगानन्द,*
*"मानव की निरन्तर खोज"*

सभी आत्मायें समान हैं। तुममें और मुझमें इतना ही अन्तर है कि मैंने प्रयास किया। मैंने ईश्वर को दिखाया कि मैं उनसे प्रेम करता हूँ, और वे मेरे पास आ गये। प्रेम वह चुम्बक है जिससे ईश्वर बच नहीं सकते।

*—श्री श्री परमहंस योगानन्द,*
*"परमहंस योगानन्द के वचनामृत"*

मेरा सदा ही यह विश्वास रहा है कि मैं यदि थोड़ा-सा प्रयत्न और करूँ, तो मैं उन परिस्थितियों का निर्माण कर सकती हूँ जो मेरी पहुँच से थोड़ी-सी ही बाहर प्रतीत होती हैं। याद रखिये कि कोई भी, यहाँ तक कि एक सिद्ध गुरु भी, आपके लिये *सब कुछ* नहीं कर सकता। बहुत कुछ आपको स्वयं करना होता है।

*—श्री ज्ञानमाता,*
*"God Alone: The Life and Letters of a Saint"*

यदि आप ईश्वर को नहीं ढूँढ़ पाते हैं, तो याद रखिये, आप अपने ध्यान में पर्याप्त प्रयास नहीं कर रहे हैं। एक-दो गोते लगाने के बाद यदि मोती नहीं मिलता तो सागर को दोष मत दीजिये। अपनी गोताखोरी को दोष दीजिये; आप पर्याप्त गहराई में नहीं जा रहे हैं। यदि आप सचमुच पर्याप्त गहराई तक गोता लगायेंगे तो आप ईश्वर की उपस्थिति के मोती को अवश्य पायेंगे।

*—श्री श्री परमहंस योगानन्द,*
*"मानव की निरन्तर खोज"*

आपको अपने शरीर की शक्ति को बढ़ाना चाहिये और फिर अपने मन की शक्ति को। मानसिक शक्ति को बढ़ाने का सर्वोत्तम उपाय यह है कि आप प्रतिदिन कुछ अर्थपूर्ण लक्ष्य प्राप्त करने का प्रयास करें। कोई उत्तम कार्य या योजना चुनिये जिसके बारे में आपसे यही कहा गया हो कि आप उसे नहीं कर सकते, और उसे करने का प्रयास कीजिये। प्रतिदिन किसी ऐसे कार्य को पूरा करने का प्रयास कीजिये जिसके विषय में आपने सदा यही सोचा है कि आप उसे नहीं कर सकते।

*—श्री श्री परमहंस योगानन्द,*
*योगदा सत्संग पाठ*

आपको और अधिक प्रयत्न करना चाहिये। अतीत को भूल जायें और ईश्वर पर अधिक भरोसा रखें। न तो हमारा भाग्य उनके द्वारा पूर्व-निर्धारित है और न ही कर्म एकमात्र कारण है, तो भी हमारे जीवन पर हमारे भूतकाल के विचारों और कर्मों का प्रभाव अवश्य पड़ता है। यदि आप अपने जीवन की शैली से प्रसन्न नहीं हैं तो उसकी रूपरेखा बदल डालें। लोगों को आहें भरते सुनना और वर्तमान असफलताओं को पूर्व जन्म की भूलों पर आरोपित करना मुझे पसन्द नहीं; ऐसा करना आध्यात्मिक आलस्य है। जुट जायें और अपने जीवन की बगिया को स्वच्छ-सुन्दर बना डालें।

*—श्री श्री परमहंस योगानन्द,*
*"परमहंस योगानन्द के वचनामृत"*

जिन अनुभवों के बारे में मैंने आपको बताया है, वे सभी वैज्ञानिक रूप से प्राप्त किये जा सकते हैं। यदि आप आध्यात्मिक नियमों का पालन करें तो परिणाम सुनिश्चित है। यदि परिणाम प्राप्त नहीं होता, तो अपने प्रयास में दोष ढूँढ़िये। आपके सभी आध्यात्मिक अभ्यासों में तीव्रता ही एकमात्र उपाय है। जो नियमित रूप से गहरा ध्यान नहीं करते, वे जब ध्यान में बैठते हैं तो चंचल हो जाते हैं और अल्प समय में ही प्रयास छोड़ देते हैं। परन्तु, यदि आप दिन-प्रतिदिन अधिकाधिक प्रयास करें, तो आपमें गहरे उतरने की क्षमता आयेगी। मुझे अब कोई प्रयास नहीं करना पड़ता; जैसे ही मैं आँखें बन्द करता हूँ और कूटस्थ केन्द्र (भ्रूमध्य में स्थित दिव्य नेत्र) में देखता हूँ, वैसे ही सम्पूर्ण जगत् तत्क्षण गायब हो जाता है।

*—श्री श्री परमहंस योगानन्द,*
*"मानव की निरन्तर खोज"*

यदि आपका मन आपके कार्यों के साथ पूरी तरह जुड़ गया है, तो आप प्रभु के प्रति सजग नहीं रह सकते। परन्तु बाह्य रूप से कार्य करते हुए यदि आप अपने अन्तर् में शान्त हैं और प्रभु के प्रति ग्रहणशील हैं, तो आप सही रूप से कार्यशील हैं।

*—श्री श्री परमहंस योगानन्द,*
*एक "Para-gram" में*

केवल आप स्वयं ही अपने लिये उत्तरदायी हैं। अन्तिम निर्णय के दिन अन्य कोई भी व्यक्ति आपके कर्मों के लिये उत्तरदायी नहीं होगा। इस संसार में—उस क्षेत्र में जहाँ आप अपने पूर्व कर्मानुसार स्थित हैं—आपके कार्य को पूर्ण करने वाला केवल एक व्यक्ति है: आप स्वयं। आपके कार्य को "सफलता" की संज्ञा तभी दी जा सकती है जब किसी-न-किसी रूप में उससे जन-मानस की सेवा होती हो।

*—श्री श्री परमहंस योगानन्द,*
*"सफलता का नियम"*

महत्त्वपूर्ण योजनाओं को प्रारम्भ करने से पूर्व स्थिर होकर बैठ जाइये, अपनी इन्द्रियों एवं विचारों को शान्त कीजिये और गहराई से ध्यान कीजिये। तब परमात्मा की महान् सृजनात्मक शक्ति आपका मार्गदर्शन करेगी।

*—श्री श्री परमहंस योगानन्द,*
*"सफलता का नियम"*

छोटे-छोटे तथा महत्त्वपूर्ण, सभी कर्त्तव्यों को सदा ही पूरा मन लगाकर कीजिये। इसे सदा याद रखिये कि ईश्वर आपके द्वारा सत्कार्य की उपलब्धि हेतु किये गये प्रत्येक उचित प्रयास का मार्गदर्शन एवं प्रोत्साहन कर रहे हैं।

*—श्री श्री परमहंस योगानन्द,*
*योगदा सत्संग पाठ*

मैं अधिकाधिक कार्य स्वयं पर लेता ही रहता हूँ, परन्तु मैं कभी बोझ का अनुभव नहीं करता, क्योंकि मैं प्रत्येक कार्य ईश्वर के लिये करता हूँ।

*—श्री श्री परमहंस योगानन्द,*
*"मानव की निरन्तर खोज"*

आप धरती पर एक दिव्य कार्य [ईश्वर के साथ पुनर्मिलन] को पूरा करने के लिये आये हैं। सोचिये यह कितना अधिक महत्त्वपूर्ण है। अपने संकीर्ण अहं को अनन्त लक्ष्य की प्राप्ति में बाधक न बनने दें।

*—श्री श्री परमहंस योगानन्द,*
*"परमहंस योगानन्द के वचनामृत"*

हम यदि अपने अन्तर् में शान्त हैं तो व्यावसायिक जगत् में भी हम सामंजस्यपूर्वक अपने कर्त्तव्यों को निभा सकते हैं। दूसरों से उलझे बिना भी हम संसार में सराहनीय उपलब्धियाँ प्राप्त कर सकते हैं। हमारा दिन का कार्य समाप्त होने पर पुनः ईश्वर के साथ हो जाने के लिये हम अपने अन्तर् में निवृत्त हो सकते हैं। अन्ततः, व्यावसायिक जगत् में भी, हम अपने सब कर्त्तव्य ईश्वर के सान्निध्य की पूर्ण चेतना में रहकर कर सकते हैं। यदि हम अविचलित और शान्त हैं, चाहे जो भी हो जाये—सफलता या प्रतीयमान असफलता—फिर भी हम इस विश्वास में समचित्त रह सकते हैं कि प्रभु की इच्छा पूर्ण की जा रही है।

*—श्री श्री राजर्षि जनकानन्द,*
*"Rajarsi Janakananda: A Great Western Yogi"*

परिवर्तनों को समभाव से स्वीकार करो और जो भी कर्त्तव्य तुम्हारे सामने आयें, उन्हें दिव्य स्वतन्त्रता की भावना से करो।

यदि ईश्वर आज मुझसे कहें: "घर लौट आओ!" तो एक बार भी पीछे देखे बिना मैं अपने सारे उत्तरदायित्व—संस्था, भवन, योजनायें, लोग—यहीं छोड़ दूंगा और अविलंब उनकी आज्ञा का पालन करूँगा। संसार को चलाना उनका उत्तरदायित्व है। वे ही कर्त्ता हैं, तुम या मैं नहीं।

*—श्री श्री परमहंस योगानन्द,*
*"परमहंस योगानन्द के वचनामृत"*

सर्वप्रथम ध्यान करके ईश्वर के सान्निध्य का अनुभव कीजिये; फिर अपना काम ईश्वर की चेतना से सराबोर होकर कीजिये। आप यदि ऐसा करेंगे तो आप कभी नहीं थकेंगे। आप यदि अपने दिव्य प्रियतम के लिये कार्य करेंगे, तो आपका जीवन प्रेम और शक्ति से भर जायेगा।

*—श्री श्री परमहंस योगानन्द,*
*योगदा सत्संग पाठ*

हम जीवन के इस मंच पर बारम्बार देखे जायेंगे, जब तक कि हम इतने अच्छे कलाकार नहीं बन जाते कि हम अपनी भूमिकायें ईश्वर की इच्छा के अनुसार परिपूर्ण रूप से निभा सकें। तब वे मंचनिर्देशक कहेंगे: "अब तुम्हें फिर से 'वापस जाने की आवश्यकता नहीं।' तुमने मेरी इच्छा पूर्ण कर दी है। तुमने अपनी भूमिका निभा दी है, और अच्छा अभिनय किया है। तुमने धैर्य नहीं खोया। अब तुम मेरे अनन्त अस्तित्व के मन्दिर में अमरत्व का स्तम्भ बनने मेरे पास वापस आ गये हो।"

*—श्री श्री परमहंस योगानन्द,*
*"मानव की निरन्तर खोज"*

आप अपनी आत्मा को जन्म-जन्मांतरों से जड़त्व की निद्रा के अधीन कर, दुःख एवं मृत्यु के दुःस्वप्नों से भयभीत कर, दफनाये रखकर उसे दण्डित कर रहे हैं। इसे पहचानिये कि आप आत्मा हैं। याद रखिये कि आपकी भावना के पीछे की भावना, आपकी इच्छा के पीछे की इच्छा, आपकी शक्ति के पीछे की शक्ति, आपके ज्ञान के पीछे का ज्ञान, स्वयं अनन्त परमात्मा हैं। हृदय की भावना एवं मन के तर्क को एक सम्पूर्ण संतुलन में मिलाइये। शान्ति के गढ़ में स्थित होकर, सांसारिक उपाधियों के साथ तादात्म्यता को बार-बार निकालकर फेंकिये और अपने दिव्य राजत्व का अनुभव करने के लिये गहरे ध्यान में डुबकी लगाइये।

*—श्री श्री परमहंस योगानन्द,*
*"मानव की निरन्तर खोज"*

छोटी-छोटी वस्तुओं को प्राप्त करने में अपना समय नष्ट न करें। स्वभावतः ईश्वर से दूसरे उपहार प्राप्त करना, सर्वोत्तम उपहार के रूप में स्वयं उनकी प्राप्ति की अपेक्षा अधिक आसान है। परन्तु सबसे उत्तम उपहार से कम किसी भी वस्तु से सन्तुष्ट न हों।

*—श्री श्री परमहंस योगानन्द,*
*"ईश्वर से वार्तालाप की विधि"*

दूसरे यदि अपने समय को मूर्खतापूर्ण रूप से उड़ा देते हैं, तो आप ईश्वर में मग्न रहिये। आप उन्नति करेंगे। आपके उदाहरण से दूसरों का जीवन बदलने दीजिये। अपना सुधार कीजिये, तब आप हज़ारों का सुधार करेंगे।

*—श्री श्री परमहंस योगानन्द,*

*"Rajarsi Janakananda: A Great Western Yogi"*

क्रिया-कुंजी के प्रयोग द्वारा जो लोग किसी मनुष्य के देवत्व पर विश्वास नहीं कर सकते, अन्ततः स्वयं अपने ही पूर्ण देवत्व के दर्शन करेंगे।

*—श्री श्री परमहंस योगानन्द,*
*"योगी कथामृत"*

*श्री श्री लाहिड़ी महाशय का महासमाधि दिवस*

लाहिड़ी महाशय के पार्थिव शरीर के चिताग्नि में भस्मीभूत किये जाने के बाद, दूसरे दिन ठीक दस बजे तीन भिन्न-भिन्न नगरों में तीन भिन्न-भिन्न शिष्यों के समक्ष, महान् गुरु का पुनरुज्जीवित किन्तु रूपान्तरित शरीर जीवन्त रूप में प्रकट हुआ था।

"अतः जब यह नश्वर देह अनश्वरता प्राप्त करेगी और यह मर्त्य जीवन अमरत्व प्राप्त करेगा, तब यह उक्ति चरितार्थ होगी: मृत्यु विजित हो चुकी है। ओ मृत्यु, कहाँ है तुम्हारा दंश? ओ श्मशान, कहाँ है तुम्हारी विजय?" (I कॉरिन्थियंस 15:54-55, बाइबिल)।

*—श्री श्री परमहंस योगानन्द,*
*"योगी कथामृत"*

एक चन्द्रमा सम्पूर्ण आकाश के अंधकार को दूर कर देता है। उसी प्रकार, एक मनुष्य जो ईश्वर को जानने में प्रशिक्षित हुआ है, जिसमें सच्ची भक्ति और सच्ची जिज्ञासा एवं तीव्रता है, वह जहाँ भी जायेगा, दूसरों के आध्यात्मिक अंधकार को नष्ट कर देगा।

*—श्री श्री परमहंस योगानन्द,*
*"मानव की निरन्तर खोज"*

आपको अपने मन की दिशा को असफलता से सफलता की ओर, चिन्ता से निश्चिंतता की ओर, मानसिक चंचलता से एकाग्रता की ओर, अशान्ति से शान्ति की ओर, तथा शान्ति से आन्तरिक दिव्य आनन्द की ओर मोड़ना चाहिये। आत्म-साक्षात्कार की इस स्थिति को प्राप्त कर लेने पर आपके जीवन का उद्देश्य गौरवपूर्ण ढंग से पूरा हो जायेगा।

*—श्री श्री परमहंस योगानन्द,*
*"सफलता का नियम"*

नियमपूर्वक ध्यान करते रहें ताकि शीघ्रातिशीघ्र आप स्वयं को सर्वदुःखक्लेशमुक्त अनन्त तत्त्व के रूप में पहचान सकें। देह-कारागार में और बन्दी न बने रहें; क्रियायोग की गुप्त कुंजी के उपयोग द्वारा परमात्मा के साथ मिलना सीखें।

*—श्री श्री लाहिड़ी महाशय,*
*"योगी कथामृत" में*

*श्री श्री लाहिड़ी महाशय का जन्म दिवस*

जो क्रियायोग का निरन्तर अभ्यास करते हैं, मैं सदा उनके साथ रहता हूँ। नित्य विस्तारित होने वाले आध्यात्मिक अनुभवों के माध्यम से परमपद प्राप्त करने में, मैं तुम्हारा मार्गदर्शन करूँगा।

*—श्री श्री लाहिड़ी महाशय,*
*"योगी कथामृत" में*

महावतार बाबाजी ने लाहिड़ी महाशय से कहा था:

"पारिवारिक बन्धनों और भारी सांसारिक कर्त्तव्यों से दबे लक्ष-लक्ष लोगों को उनके समान ही गृहस्थ-जीवन व्यतीत करने वाले तुमसे एक नयी आशा की प्राप्ति होगी।... संसारी मनुष्यों के सूने हृदयों में एक नयी और मधुर दिव्य आशा का संचार होगा। तुम्हारे सुसंतुलित जीवन से उन्हें बोध हो जायेगा कि मुक्ति का आधार आन्तरिक वैराग्य है, न कि बाहरी त्याग।"

*—श्री श्री महावतार बाबाजी,*
*"योगी कथामृत" में*

उद्देश्यहीन जीवन द्वारा नहीं, बल्कि एक नियमित एवं संतुलित जीवन द्वारा तुम महापुरूषों के आशीर्वाद प्राप्त कर सकोगे। तब माया कभी भी अपने माध्यम के रूप में तुम्हारा उपयोग नहीं कर पायेगी।

*—श्री श्री परमहंस योगानन्द,*
*शिष्यों को दिये एक प्रवचन में*

जब तुम अपने लिये नहीं, ईश्वर के लिये कार्य करते हो तो यह ध्यान करने जैसा ही है। तब कार्य ध्यान में तुम्हारी सहायता करता है, और ध्यान, कार्यों में तुम्हारी सहायता करता है। तुम्हें इस संतुलन की आवश्यकता है। केवल ध्यान से तुम आलसी हो जाओगे। केवल कर्म से तुम्हारा मन सांसारिक हो जायेगा और तुम ईश्वर को भूल जाओगे।

*—श्री श्री परमहंस योगानन्द,*
*"परमहंस योगानन्द के वचनामृत"*

अनावश्यक वस्तुओं को महत्त्वपूर्ण न बनायें, और न ही महत्त्वपूर्ण बातों को छोड़कर तुच्छ बातों पर मन को केन्द्रित करें, अन्यथा आप अपनी प्रगति में बाधा डालेंगे। ऐसे आवेगपूर्ण कार्य जिनका हमारे वास्तविक कर्त्तव्यों से कोई सम्बन्ध नहीं, अवांछनीय हैं।

*—श्री श्री परमहंस योगानन्द,*
*एक "Para-gram" में*

चाहे आप इस जीवन में कष्ट उठा रहे हों या समृद्धि और शक्ति से मुस्कुरा रहे हों, आपकी चेतना अपरिवर्तित रहनी चाहिये। यदि आप समत्व को प्राप्त कर लें, तो कुछ भी आपको दुःख नहीं दे सकता। सभी महान् गुरुओं के जीवन दर्शाते हैं कि उन्होंने इस आनन्दपूर्ण अवस्था को प्राप्त कर लिया था।

*—श्री श्री परमहंस योगानन्द,*
*"मानव की निरन्तर खोज"*

मैं शान्तिपूर्ण रूप से सक्रिय रहूँगा, और सक्रिय रूप से शान्त रहूँगा। मैं आलसी और मानसिक रूप से जड़ नहीं बनूँगा। न ही मैं अतिकार्यशील बनूँगा, कि धनोपार्जन तो कर सकूँ पर उसका आनन्द न ले सकूँ। सच्चा संतुलन बनाये रखने के लिये मैं नियमित ध्यान करूँगा।

*—श्री श्री परमहंस योगानन्द,*
*"Metaphysical Meditations"*

भौतिक और आध्यात्मिक एक ही ब्रह्माण्ड, एवं एक ही सत्य के दो अंग हैं। इनमें से किसी एक ही भाग पर अत्यधिक बल देने से मनुष्य सर्वांगीण विकास के लिये आवश्यक संतुलन प्राप्त करने से वंचित रह जाता है।...अपने मन की आन्तरिक शान्ति खोये बिना इस जगत् में जीने की कला सीखिये। आत्म-साक्षात्कार के अद्‌भुत आन्तरिक उद्यान में पहुँचने के लिये संतुलन के मार्ग का अनुसरण कीजिये।

*—श्री श्री परमहंस योगानन्द,*

*एक "Para-gram" में*

विराट् शब्द भण्डार को ज्ञान समझने की भूल न करें। यदि एक-एक श्लोक को धीरे-धीरे समझ कर आत्मसात् किया जाये, तो धर्मशास्त्र अन्तरानुभूति की इच्छा को प्रेरित करने की दृष्टि से लाभकर होते हैं; अन्यथा, अनवरत बौद्धिक अध्ययन से मिथ्याभिमान, झूठा सन्तोष और अपरिपक्व ज्ञान से अधिक कुछ और प्राप्त नहीं होता।

*—श्री श्री स्वामी श्रीयुक्तेश्वर गिरि,*
*"योगी कथामृत" में*

इस जगत् में रहते हुए भी, इस जगत् के होकर न रहें। सच्चे योगी लोगों के साथ बातें कर सकते हैं और उनसे घुलमिल सकते हैं, परन्तु उनके मन सदा ईश्वर में ही लीन रहते हैं।

*—श्री श्री परमहंस योगानन्द,*
*योगदा सत्संग पाठ*

लाखों लोग एकांगी जीवन जीते हैं और अपूर्णता में ही इस जगत् से चले जाते हैं। प्रभु ने हममें से प्रत्येक को एक आत्मा, मन और शरीर दिया है, जिन्हें हमें समान रूप से विकसित करने का प्रयास करना चाहिये। आपने अब तक यदि सांसारिक प्रभावों के अधीन जीवन बिताया है तो अब संसार को अपनी भ्रान्तियों को आपके ऊपर और न थोपने दीजिये। अब से अपने जीवन का नियंत्रण आपको स्वयं करना चाहिये; अपने मानसिक साम्राज्य का सम्राट आपको स्वयं होना चाहिये। भय, चिन्ता, असन्तोष और दुःख, सभी ज्ञान के द्वारा नियंत्रित न किये गये जीवन के परिणाम हैं।

*—श्री श्री परमहंस योगानन्द,*
*योगदा सत्संग पाठ*

भय का सामना करें और यह आपको परेशान करना बंद कर देगा।

*—श्री श्री स्वामी श्रीयुक्तेश्वर गिरि,*
*"योगी कथामृत" में*

मैं अब जानता हूँ कि मैं ब्रह्मशक्ति धारण किया सिंह हूँ। अब मिमियाना बंद करके मैं आपकी महागर्जनों की गूँज से भ्रान्ति वनों को थरथराता हूँ। दिव्य स्वतन्त्रता में स्थित होकर मैं अब संसार माया के जंगलों में दुःखदायी चिन्ताओं एवं कायरता के छोटे-छोटे पशुओं, और अविश्वास के जंगली लकड़बग्घों को निगलता हुआ कुलांचें भर-भर कर घूमता हूँ।

हे मुक्ति के सिंह–ईश्वर! सदा मेरे माध्यम से आपकी सर्वजयी साहस की गर्जना ध्वनित करें।

*—श्री श्री परमहंस योगानन्द,*
*"Whispers frsom Eternity"*

हे प्रभु! सदा भयभीत रहने के बजाय मुझे दृढ़ता एवं सतर्कतापूर्वक साहसी बनना सिखायें। मैं अपने अतिरिक्त और किसी से नहीं डरूँगा और वह भी तब, जब मैं अपनी अन्तरात्मा को धोखा देने का प्रयत्न करूँ।

*—श्री श्री परमहंस योगानन्द,*
*"Metaphysical Meditations"*

शिक्षा प्रणाली में, चरित्र निर्माण में साहस की आवश्यकता पर पर्याप्त बल नहीं दिया गया है। हमें *सहन* करना सीखना ही चाहिये। और वह सीखने का एकमात्र तरीका है, सहन करते रहना। साहस में हम शरीर पर आत्मा की गौरवशाली विजय को देखते हैं।

*—श्री ज्ञानमाता,*

*"God Alone : The Life and Letters of a Saint"*

जीवन के अनुभवों को अति गम्भीरता से मत लीजिये। सर्वोपरि, वे आपको दुःख न देने पायें, क्योंकि वास्तव में वे स्वप्न अनुभवों के अलावा कुछ भी नहीं।...यदि परिस्थितियाँ खराब हैं और आपको उन्हें सहना ही पड़ रहा है, तो उन्हें अपनी चेतना का एक हिस्सा न बनायें। जीवन में अपनी भूमिका अवश्य निभाइये, परन्तु यह कभी न भूलिये कि यह एक भूमिका मात्र है। इस संसार में आप जो खोते हैं उसमें आपकी आत्मा की हानि नहीं होगी। ईश्वर में विश्वास रखिये और भय को नष्ट कर दीजिये, जो सफलता के सभी प्रयासों को पंगु बना देता है तथा जिस वस्तु का आपको भय है उसे ही आपकी ओर आकर्षित करता है।

*—श्री श्री परमहंस योगानन्द,*
*एक "Para-gram" में*

मैं सभी भयों पर हँसता हूँ, क्योंकि मेरे परम पिता-माता, प्रियतम भगवान्, माया के प्रलोभनों से मेरी रक्षा करने के विशिष्ट उद्देश्य से सतर्कतापूर्वक जागृत एवं सर्वत्र उपस्थित हैं।

*—श्री श्री परमहंस योगानन्द,*
*"Metaphysical Meditations"*

निर्भयता का अर्थ है ईश्वर में विश्वास: उनके संरक्षण, उनके न्याय, उनके ज्ञान, उनकी दया, उनके प्रेम एवं उनकी सर्वव्यापकता में विश्वास।...आत्म-साक्षात्कार के योग्य होने के लिये, मनुष्य का निर्भय होना आवश्यक है।

*—श्री श्री परमहंस योगानन्द,*

*"God Talks With Arjuna: The Bhagavad Gita"*

बुद्धिमान साधक को भयभीत रहने के बजाय सतर्क रहना चाहिये। उसे साहसिक प्रवृत्ति को विकसित करना चाहिये, परन्तु स्वयं को संकटकारी परिस्थितियों में लापरवाहीपूर्वक असुरक्षित नहीं छोड़ देना चाहिये।

*—श्री श्री परमहंस योगानन्द,*
*"योगदा सत्संग पत्रिका"*

हे प्रभु! मैंने आपके नाम के लिये अपना रक्त बहाया है; और आपके नाम पर मैं सदा अपना रक्त बहाते रहने के लिये तैयार हूँ। एक शक्तिशाली योद्धा की भाँति, मैं क्षतविक्षत अवयवों से, घायल शरीर से, खण्डित मान के साथ, उपहास के कँटीले ताज को पहनकर, निरुत्साहित हुए बिना लड़ता जा रहा हूँ। अपने क्षत-चिन्हों को मैं साहस के बुराई के विरूद्ध युद्ध में अन्त तक डटे रहने की प्रेरणा की गुलाबमाला की तरह धारण करता हूँ।

हे प्रभु! दूसरों की सहायता के लिये फैले हुए अपने हाथों पर प्रहारों को झेलते हुए भी और प्रेम के स्थान पर उत्पीड़न को सहन करते हुए भी, मेरी आत्मा सदा आपके आशीर्वादों के सूर्यप्रकाश में स्नान करती रहेगी। आप अपने उन सैनिकों के अभियान में उनका मार्गदर्शन करते हैं, जो दुःख के तले दबे मानवी हृदयों के प्रान्तों को आपके लिये जीतने निकल पड़ते हैं।

*—श्री श्री परमहंस योगानन्द,*
*"Whispers from Eternity"*

किसी और वस्तु से नहीं, भय से डरिये।...याद रखिये, आपकी परीक्षायें चाहे जो भी हों, इनसे लड़ने के लिये आप कभी भी अति दुर्बल नहीं हैं। ईश्वर आपको प्रलोभनों की ऐसी परीक्षायें कभी नहीं देंगे जिन्हें सहन करना आपकी क्षमता से परे हो।

*—श्री श्री परमहंस योगानन्द,*
*"योगदा सत्संग पत्रिका"*

सबसे बुरा प्रलोभन चंचलता है। क्योंकि वह आपका ध्यान संसार में उलझाकर रखता है और इस प्रकार आपको ईश्वर के ज्ञान से वंचित रखता है। आप यदि नियमित ध्यान करें, तो आप सदा ईश्वर के साथ रहेंगे।

*—श्री श्री परमहंस योगानन्द,*
*योगदा सत्संग पाठ*

बुराई की अपनी शक्ति होती है। यदि तुम इसका पक्ष लोगे तो यह तुम्हें पकड़ लेगी। जब तुम कोई ग़लत कदम उठाते हो तो तुरन्त सदाचार के पथ पर लौट जाओ।

*—श्री श्री परमहंस योगानन्द,*
*"परमहंस योगानन्द के वचनामृत"*

जब आप प्रलोभन को अपने ऊपर हावी होने देते हैं तो आपका विवेक बंदी बन जाता है। प्रलोभन को दूर भगाने का शीघ्रतम मार्ग यह है कि पहले "नहीं" कहिये और तुरन्त उस विशिष्ट परिस्थिति से बाहर निकल जाइये; फिर बाद में जब शान्ति और विवेक लौटकर आते हैं तब उसे तर्क के आधार पर सोचिये।

*—श्री श्री परमहंस योगानन्द,*
*योगदा सत्संग पाठ*

वासनायें मनुष्य की सबसे निष्ठुर शत्रु हैं; वह उन्हें तृप्त नहीं कर सकता। केवल ईश्वर को जानने की एकमात्र अभिलाषा रखो। इन्द्रियों की माँगों को सन्तुष्ट करके तुम सन्तुष्ट नहीं हो सकते, क्योंकि इन्द्रियाँ तुम्हारा स्वरूप नहीं हैं, वे तो केवल तुम्हारी सेवक हैं।

*—श्री श्री परमहंस योगानन्द,*
*"परमहंस योगानन्द के वचनामृत"*

प्रलोभन हमारा अपना सृजन नहीं है; यह माया-जगत् का अंश है, और सभी मनुष्य इसके प्रभाव में आते हैं। परन्तु उससे मुक्त होने के लिये ईश्वर ने हमें बुद्धि, विवेक और इच्छा-शक्ति दी है।

*—श्री श्री परमहंस योगानन्द,*
*"मानव की निरन्तर खोज"*

नैतिक या भौतिक दृष्टि से कुछ ग़लत करना ही प्रलोभन का एकमात्र अर्थ नहीं है। शरीर और उसके सुखसाधनों में अत्यधिक मग्न होकर अपनी आत्मा को भूल जाना भी प्रलोभन ही है।

*—श्री श्री परमहंस योगानन्द,*
*योगदा सत्संग पाठ*

प्रलोभन मीठा विष है; इसका स्वाद मधुर होता है; परन्तु मृत्यु निश्चित है। जिस सुख को लोग इस संसार में ढूँढ़ते हैं वह स्थायी नहीं रहता। ईश्वरीय आनन्द शाश्वत होता है। उसकी ललक रखिये जो स्थायी है, और इस जीवन के क्षणिक सुखों को ठुकराने में कठोर हृदय बनिये। आपको ऐसा बनना ही होगा। इस संसार को अपने ऊपर राज मत करने दीजिये। कभी मत भूलिये कि केवल प्रभु ही एकमात्र सत्य हैं।...उनकी अनुभूति में ही आपका सच्चा सुख निहित है।

*—श्री श्री परमहंस योगानन्द,*
*"मानव की निरन्तर खोज"*

बुरी आदतों से लड़ने में आज की तुलना में कल क्या तुम अधिक समर्थ होगे? कल तक की भूलों में आज की भूलों को क्यों जोड़ते हो? तुम्हें कभी तो ईश्वर की ओर मुड़ना ही है, तो आज ही ऐसा करना क्या अधिक ठीक नहीं है? स्वयं को उन्हें सौंप दो और कहोः "प्रभु, बुरा अथवा भला, जो भी हूँ, मैं आपकी संतान हूँ। आपको मेरी देख-भाल करनी ही होगी।" यदि तुम प्रयास करते ही रहोगे, तो तुममें सुधार होगा। "वही पापी साधु बनता है जिसने कभी प्रयास करना नहीं छोड़ा।"

*—श्री श्री परमहंस योगानन्द,*
*"परमहंस योगानन्द के वचनामृत"*

सदा याद रखिये कि ईश्वर की संतान होने के नाते, आप ईश्वर द्वारा भेजी हुई किसी भी परीक्षा को पार करने के लिये आवश्यक शक्ति से कहीं अधिक शक्ति-सम्पन्न हैं।

*—श्री श्री परमहंस योगानन्द,*
*"मानव की निरन्तर खोज"*

प्रलोभन को जीतने का पुराना परम्परागत तरीका है उसे अस्वीकार करना, उसे दबा देना। परन्तु आपको प्रलोभन को *नियंत्रित* करना सीखना होगा। प्रलोभित होना कोई पाप नहीं है। चाहे आप प्रलोभन से उबल भी रहे हों, तो भी आप पापी नहीं हैं। परन्तु, यदि आप उस प्रलोभन के आगे समर्पण कर देते हैं, तो आप माया की शक्ति द्वारा अस्थायी रूप से जकड़ लिये जाते हैं। आपको अपने चारों ओर ज्ञान की सुरक्षात्मक दीवारें खड़ी कर लेनी चाहिये। प्रलोभन के विरूद्ध लड़ने के लिये ज्ञान से अधिक शक्तिशाली और कोई बल नहीं है। पूर्ण ज्ञान आपको ऐसी अवस्था में लायेगा, जहाँ कुछ भी आपको ऐसे कार्यों को करने के लिये प्रलोभित नहीं कर पायेगा जो सुख का तो वचन देते हैं, परन्तु अन्त में केवल दुःख ही देते हैं।

*—श्री श्री परमहंस योगानन्द,*
*योगदा सत्संग पाठ*

जब हम अपने अनुचित विचारों के कारण पतन की गर्त में गिरते हैं तो हमें प्रार्थना करनी चाहिये; "परमपिता! हमें यहाँ न छोड़ दें, बल्कि हमारी इच्छा-शक्ति और विवेक-शक्ति के माध्यम से हमें यहाँ से बाहर निकालें। और जब हम बाहर निकल आयें, तब यदि आप हमारी और परीक्षा लेना चाहें, तो पहले हमें आपके स्वरूप का ज्ञान प्रदान करें, ताकि हम यह बोध कर पायें कि आप किसी भी प्रलोभन से अधिक लुभावने हैं।"

*—श्री श्री परमहंस योगानन्द,*
*"मानव की निरन्तर खोज"*

आध्यात्मिक जीवन में व्यक्ति ठीक एक छोटे बच्चे की तरह हो जाता है—न कोई घृणा, न लगाव , सदैव ऊर्जा तथा आनन्द से भरपूर।

*—श्री श्री परमहंस योगानन्द,*
*"परमहंस योगानन्द के वचनामृत"*

किसी भी अन्य वाणी द्वारा अनगाया एक प्रार्थनागीत मैं गाता हूँ।...हे परमात्मा! आपको मैं कोई बौद्धिक, पूर्वनिश्चित, एवं पूर्व अभ्यास किया हुआ लम्बा-चौड़ा गीत नहीं; केवल अपने हृदय के अप्रशिक्षित गीत अर्पित करता हूँ। आपके लिये भावनाओं द्वारा सावधानी से सिंचित अतिसुकुमार पुष्प नहीं; बल्कि मेरी आत्मा के उच्चतम प्रदेशों में अनायास उगने वाले विरले पुष्प ही मैं चुनता हूँ।

*—श्री श्री परमहंस योगानन्द,*
*"Whispers from Eternity"*

आप अनावश्यक वस्तुओं को इतना महत्त्व क्यों देते हैं? अधिकाँश लोग प्रातः, दोपहर तथा रात्रि के भोजन, काम-काज, सामाजिक गतिविधियों, आदि में ही व्यस्त रहते हैं। अपने जीवन को और सरल बनाइये तथा अपना सम्पूर्ण ध्यान ईश्वर पर केन्द्रित कीजिये।

*—श्री श्री परमहंस योगानन्द,*
*"ईश्वर से वार्तालाप की विधि"*

प्रभु से यह कहना कि हमें कुछ चाहिये अनुचित नहीं है; किन्तु यह और अधिक विश्वास दर्शाता है यदि हम केवल इतना ही कहें: "परमपिता! मैं जानता हूँ कि आपको मेरी हर आवश्यकता का पहले से ही पता है। अपनी इच्छानुसार आप मेरा निर्वाह करें।"

*—श्री श्री परमहंस योगानन्द,*
*"परमहंस योगानन्द के वचनामृत"*

आप सोचते हैं कि आपके पास यह या वह वस्तु होना ही चाहिये और तभी आप सुखी होंगे। परन्तु आपकी चाहे जितनी भी इच्छायें क्यों न पूर्ण हो जायें, आप उनके द्वारा कभी सुखी नहीं होंगे। आपके पास जितना अधिक होगा, उतने ही अधिक की आपको चाह होगी। सादगी से जीना सीखिये। भगवान् श्रीकृष्ण ने कहा है: "उसका मन सदा तृप्त रहता है जिसकी इच्छायें सदा अन्तर्मुखी होती हैं। वह मनुष्य एक अपरिवर्तनशील सागर के समान है जो निरन्तर उसमें मिलती जलधाराओं से लबालब भरा रहता है। जो अपनी शान्ति के जलाशय में इच्छाओं के छिद्र कर शान्ति के जल को बाहर बह जाने देता है, वह मुनि नहीं है।"

*—श्री श्री परमहंस योगानन्द,*
*"मानव की निरन्तर खोज"*

मेरे गुरुदेव श्रीयुक्तेश्वरजी अधिभौतिक क्षेत्रों के विषय में चर्चा करना पसन्द नहीं करते थे। पूर्ण सादगी ही उनका एकमात्र "अलौकिक" गौरव था। बातचीत के दौरान वे विस्मयकारी सन्दर्भों का उल्लेख करने से बचते थे; कार्यों में वे मुक्त रूप से अपना सामर्थ्य अभिव्यक्त करते थे।

*—श्री श्री परमहंस योगानन्द,*
*"योगी कथामृत"*

ईश्वर ने मेरे लिये सप्रमाण सिद्ध कर दिया है कि जब वे मेरे साथ होते हैं तो "जीवन की सारी आवश्यकतायें" अनावश्यक हो जाती हैं। उस चैतन्य में आप साधारण मनुष्य से अधिक स्वस्थ, अधिक आनन्दमय, हर प्रकार से अधिक समृद्ध बन जाते हैं। तुच्छ वस्तुओं की कामना मत कीजिये; वे आपका ध्यान ईश्वर से हटा देंगी। अपना प्रयोग अभी शुरू कीजिये: जीवन को सरल बनाइये और एक सम्राट बन जाईये।

*—श्री श्री परमहंस योगानन्द,*
*"मानव की निरन्तर खोज"*

प्रत्येक वस्तु का अपना स्थान होता है, परन्तु जब आप अपने सच्चे सुख की उपेक्षा कर समय गंवाते हैं तो यह अच्छा नहीं। मैंने प्रत्येक अनावश्यक कार्य को छोड़ दिया ताकि मैं ध्यान करके ईश्वर को जान सकूँ; ताकि मैं दिन और रात उनके दिव्य चैतन्य में मग्न रह सकूँ।

*—श्री श्री परमहंस योगानन्द,*
*"योगदा सत्संग पत्रिका"*

हम भावनाओं को अत्यधिक महत्त्व देते हैं, यहाँ तक कि हम यह भी मानते हैं कि उचित प्रकार की भावना अत्यन्त आनन्ददायी होती है। इससे क्या फर्क पड़ता है कि आपको कैसा लगता है? अपने प्रारब्ध को भोगे जब तक कि यह प्रभु की इच्छा है कि आप ऐसा करें। उचित कार्य करें और यथासमय शान्ति एवं आनन्द की सही भावना का उदय होगा।

*—श्री ज्ञानमाता,*

*"God Alone : The Life and Letters of a Saint"*

ईश्वर के साथ समरस होना और उनमें पूर्ण विश्वास रखना, जहाँ भी वे आपको रखें और आपके साथ जो भी करें उसी में सन्तुष्ट रहना, सब कुछ नम्रता एवं भक्ति से स्वीकार करना, अत्यंत अद्‌भुत होता है।

*—श्री श्री परमहंस योगानन्द,*
*"योगदा सत्संग पत्रिका"*

भक्ति विकसित करो। जीसस के शब्दों को याद रखो:

"हे परमपिता, आपने इन सब बातों को ज्ञानियों और बुद्धिमानों से छिपा कर रखा, तथा अबोध बच्चों पर प्रकट किया है।"

*—श्री श्री परमहंस योगानन्द,*
*"परमहंस योगानन्द के वचनामृत"*

प्रभु कहते हैं: "जो शरीर, मन और आत्मा में मुझे सर्वव्यापी नित्य-नवीन आनन्द—ध्यान के नित्य बढ़ते परमानन्द—के रूप में जानने के लिये संघर्ष, प्रार्थना, एवं ध्यान करता है, मेरे उस पुत्र की भक्तिमय पुकार का मैं मौन एवं गहन रूप से प्रत्युत्तर देता हूँ।"

*—श्री श्री परमहंस योगानन्द,*
*योगदा सत्संग पाठ*

अन्तर्यामी प्रभु को केवल आपका सच्चा प्रेम चाहिये। वे एक नन्हें शिशु की भाँति हैं: कोई अपनी सारी सम्पत्ति उन्हें देना चाहता है, परन्तु वह उन्हें नहीं चाहिये; और कोई अन्य उन्हें पुकारता है, "हे प्रभु! मैं आपसे प्रेम करता हूँ!" और उस भक्त के हृदय में वे दौड़े चले आते हैं।

किसी गुप्त अभिप्राय के साथ ईश्वर की खोज मत कीजिये, बल्कि भक्ति के साथ उनसे प्रार्थना कीजिये—अप्रतिबन्धित, अनन्य, दृढ़ भक्ति के साथ। जब उनके लिये आपका प्रेम, अपने मर्त्य शरीर से आपकी आसक्ति जितना गहरा हो जायेगा, तो वे आपके पास आ जायेंगे।

*—श्री श्री परमहंस योगानन्द,*
*"मानव की निरन्तर खोज"*

याद रखिये, आपकी इच्छा में ईश्वर की इच्छा समाहित है। अपने हृदय में आपको ईश्वर से अधिक और किसी भी वस्तु से प्रेम नहीं करना चाहिये। प्रभु "ईर्ष्यालु" हैं। यदि आप ईश्वर को प्राप्त करना चाहते हैं, तो आपके पास उन्हें पाने की इच्छा के सिवा अन्य सब इच्छाओं को निकाल फेंकने की इच्छा-शक्ति होनी चाहिये।

*—श्री श्री परमहंस योगानन्द,*
*योगदा सत्संग पाठ*

जिस प्रार्थना में आपकी सम्पूर्ण आत्मा ईश्वर को पाने की इच्छा से दग्ध हो रही हो, वही एकमात्र प्रभावशाली प्रार्थना है। कभी-न-कभी आपने निस्संशय वैसी प्रार्थना की है; शायद जब आपको किसी वस्तु की अत्यधिक आवश्यकता थी, या धन की विकट आवश्यकता थी—तब आपने अपनी इच्छा से आकाश को दग्ध कर दिया था। ऐसा ही आपको ईश्वर के लिये अनुभव करना चाहिये। दिन और रात उनसे बात करें; और आप देखेंगे कि वे प्रत्युत्तर देंगे।

*—श्री श्री परमहंस योगानन्द,*
*"मानव की निरन्तर खोज"*

प्रभु से प्रेम कीजिये, अपने जीवन के प्रत्येक क्षण में उनसे बातें कीजिये, कार्य के दौरान तथा मौन में, गहन प्रार्थना के साथ, अपने हृदय की अनवरत ललक के साथ; और आप माया के परदे को विलीन होता देखेंगे। वे, जो फूलों के सौन्दर्य में, आत्माओं में, सात्त्विक आवेगों में, स्वप्नों में, आपके साथ आँखमिचौनी खेल रहे हैं, प्रकट होंगे और कहेंगे, "तुम और मैं लम्बे समय तक बिछुड़कर रहे हैं, क्योंकि मैं चाहता था कि तुम स्वेच्छापूर्वक अपना प्रेम मुझे दो। तुम मेरी छवि में बनाये गये हो, और मैं देखना चाहता था कि तुम मुझे अपना प्रेम देने की स्वतन्त्रता का उपयोग करते हो या नहीं।"

*—श्री श्री परमहंस योगानन्द,*
*"मानव की निरन्तर खोज"*

तुम्हें इस विचार पर ध्यान नहीं देना चाहिये कि तुममें भक्ति का अभाव है, बल्कि भक्ति को विकसित करने का प्रयास करना चाहिये। ईश्वर ने तुम्हें दर्शन नहीं दिया तो तुम दुःखी क्यों होते हो? उस लम्बे समय के विषय में सोचो जिसमें तुमने उनकी उपेक्षा की। अधिक ध्यान करो; गहरे पैठो।...अपनी आदतों को बदलने से तुम अपने हृदय में प्रभु के अद्‌भुत स्वरूप की स्मृति जगा पाओगे और उन्हें जान लेने पर निःसन्देह तुम उनसे प्रेम करोगे।

*—श्री श्री परमहंस योगानन्द,*
*"परमहंस योगानन्द के वचनामृत"*

सच्चे भक्त का हृदय सदा यही कहता रहता है: "मेरे प्रभु! मेरे ईश्वर! मुझे आपकी सृष्टि के भ्रामक नाटक में नहीं फँसना है। मुझे उसका कोई अंश नहीं चाहिये, इसके सिवा कि मनुष्यों के हृदयों में आपके मन्दिर को स्थापित कर सकूँ। मेरा हृदय, मेरी आत्मा, मेरा शरीर एवं मन—सब कुछ आपका है।" ऐसी भक्ति प्रभु का स्पर्श करती है। ऐसा भक्त भगवान् को जानता है।

*—श्री श्री परमहंस योगानन्द,*
*"योगदा सत्संग पत्रिका"*

आपको प्रभु से कितना प्रेम है इसका पता किसी और को मत लगने दीजिये। ब्रह्माण्ड के स्वामी आपके प्रेम से परिचित हैं; दूसरों के सामने उसका प्रदर्शन मत कीजिये, अन्यथा आप उसे खो बैठेंगे।

*—श्री श्री परमहंस योगानन्द,*
*"मानव की निरन्तर खोज"*

प्रभु अनवरत भक्ति से प्राप्त होते हैं। जब आपको केवल दाता चाहिये, उनके उपहार नहीं, तब वे आपके पास आयेंगे।

*—श्री श्री परमहंस योगानन्द,*
*"योगदा सत्संग पत्रिका"*

प्रत्येक दिन जीवन के उपहारों के लिये कृतज्ञता प्रकट करने का दिन होना चाहिये: सूर्य का प्रकाश, जल, तथा रसीले फल एवं सब्जियाँ, जो उस परम दाता के परोक्ष उपहार हैं। ईश्वर हमसे काम करवाते हैं, ताकि हम उन उपहारों को प्राप्त करने के अधिकारी बनें। उन सर्वेश्वर को हमारी कृतज्ञता की आवश्यकता नहीं होती, चाहे वह हृदय की कितनी ही गहराई से आये, परन्तु जब हम उनके प्रति कृतज्ञता का अनुभव करते हैं, तब हमारा मन समग्र निधि के उस परम स्रोत पर एकाग्र हो जाता है। इसमें हमारा अपना ही कल्याण है।

*—श्री श्री परमहंस योगानन्द,*
*"योगदा सत्संग पत्रिका"*

हमारे प्रियजन हमसे सदा के लिये प्रेम करने का वादा करते हैं; परन्तु जब वे मृत्यु की महानिद्रा में डूब जाते हैं, और उनकी सारी सांसारिक स्मृतियाँ खो जाती हैं, तब उनके उन वचनों का क्या मूल्य रह जाता है? वह कौन है, जो शब्दों में व्यक्त किये बिना सदा के लिये हमसे प्रेम करता है? जब सब हमें भूल जाते हैं तब कौन हमें याद करता है? जब इस जगत् के सभी मित्रों को छोड़कर हमें जाना ही होगा, तब भी कौन हमारे साथ होगा? केवल ईश्वर।

*—श्री श्री परमहंस योगानन्द,*

*"Whispers from Eternity"*

जब सद्भाग्य का वसंत मेरे जीवन के वृक्ष को पल्लवित करता है, तब बड़ी आसानी से उस पर कृतज्ञता के सुगन्धित पुष्प फूट पड़ते हैं। हे प्रभु! दुर्भाग्य की पतझड़ में मेरी पर्णहीन डालियाँ आपकी ओर कृतज्ञता के गुप्त सुवास को उसी प्रकार प्रवाहित कर सकें।

*—श्री श्री परमहंस योगानन्द,*
*"Whispers from Eternity"*

कृतज्ञता एवं प्रशंसा का भाव आपकी चेतना में आध्यात्मिक विकास एवं आपूर्ति का मार्ग खोल देता है। जैसे ही उसके प्रवाहित होने का मार्ग प्रशस्त हो जाता है, परमात्मतत्त्व या ब्रह्म स्वयं को गोचर अभिव्यक्ति में प्रकट करने के लिये उस मार्ग के द्वारा बाहर आते हैं। आपको प्रत्येक वस्तु के लिये सर्वदा कृतज्ञ रहना चाहिये। इसे समझिये कि सोचने, बोलने एवं कार्य करने की शक्ति आपको ईश्वर से ही मिलती है; वे अभी भी आपका मार्गदर्शन करते हुए, आपको प्रेरणा देते हुए, आपके साथ ही हैं।

*—श्री श्री परमहंस योगानन्द,*
*"Thanksgiving Message"*

प्रभु के अनेक पहलुओं में, एक अति हृदयस्पर्शी पहलू में, प्रभु को एक याचक कहा जा सकता है। वे हमारा ध्यान पाने के लिये आतुर रहते हैं। ब्रह्माण्ड के स्वामी, जिनकी एक दृष्टि से सारे नक्षत्र, सूर्य, चन्द्र और ग्रह काँप जाते हैं, मनुष्य के पीछे दौड़ रहे हैं और कह रहे हैं: "क्या तुम मुझे अपना प्रेम नहीं दोगे? जिसने तुम्हारे लिये सारी वस्तुयें बनाई हैं, उस दाता को, क्या तुम उन वस्तुओं की अपेक्षा अधिक प्रेम नहीं करते? क्या तुम मुझे नहीं ढूँढ़ोगे?"

परन्तु मानव कहता है: "मैं अभी बहुत व्यस्त हूँ, मुझे बहुत काम करना है। मैं आपको खोजने के लिये समय नहीं निकाल सकता।"

और प्रभु कहते हैं: "मैं प्रतीक्षा करूँगा।"

*—श्री श्री परमहंस योगानन्द,*
*"परमहंस योगानन्द के वचनामृत"*

हम ईश्वर के उपहारों – जीवन, सूर्यप्रकाश, अन्न और वह सब जो वे हमें प्रदान करते हैं, को पाने के लिये अपने हाथ बढ़ाते हैं। परन्तु उन्हें प्राप्त करते समय हम उस दाता के बारे में नहीं सोचते। यदि आपने किसी को अत्यंत प्रेमपूर्वक कई उपहार दिये हों और बाद में आपको पता चले कि वह तो आपके बारे में सोचता भी नहीं, तो आपको कितना दुःख होगा! ईश्वर भी ऐसा ही अनुभव करते हैं।

*—श्री श्री परमहंस योगानन्द,*
*"मानव की निरन्तर खोज"*

भारत, अपने महान् गुरुओं में से एक, परमहंस योगानन्द के रूप में, आत्म-साक्षात्कार का यह अमूल्य ज्ञान हमारे बीच लाया है। उस लोक-समाज के प्रति हमें कितना कृतज्ञ होना चाहिये जिसकी महानतम विभूतियों ने, युगों-युगों से, मनुष्य की दैवी सम्भावनाओं की खोज करने के लिये सब कुछ त्यागकर अपना जीवन अर्पित कर दिया! भारत ने आज हमें परमहंसजी की शिक्षाओं के माध्यम से जो दिया है, उसके बदले में हम उसे जो कुछ भी दे सकें, उसकी तुलना में यह हमारे लिये कहीं अधिक मूल्यवान् है। आज पाश्चात्य मनुष्य को अपने आत्मिक स्रोतों के विकास के लिये किसी आध्यात्मिक प्रविधि की नितांत आवश्यकता है। वह प्रविधि क्रियायोग है, एक प्राचीन विज्ञान, जो हमारे लिये पहली बार भारत के एक महान् गुरु ले कर आये हैं।

*—श्री राजर्षि जनकानन्द,*

*"Rajarsi Janakananda: A Great Western Yogi"*

संसार में कुछ भी मेरे प्रियतम प्रभु जैसा दिव्य रूप से मादक नहीं है। मैं अनवरत उस अमृत का पान करता रहता हूँ। "हे मेरी आत्मा की कालपक्व मदिरा! जैसे-जैसे मैं अपने भीतर के सागर से तुम्हारा पान करता जाता हूँ, मैं पाता हूँ कि तुम अक्षय हो। तुम आनन्द से भरा गगन हो जो ब्रह्माण्ड के सारे तारों को मेरे हृदय में सदा स्पन्दित होते प्रदर्शित करता है।"

*—श्री श्री परमहंस योगानन्द,*
*"Thanksgiving Message"*

सदा अपने मन की पृष्ठभूमि में अपने प्रिय परमपिता को सम्बोधित कर, एक भक्ति गीत यह याद रखते हुए गुनगुनाते रहिये कि आपकी समस्त क्षमतायें उनके ही उपहार हैं।

*—श्री श्री परमहंस योगानन्द,*
*योगदा सत्संग पाठ*

हे परमपिता! जब मैं अन्धा था तब मुझे आप तक ले जाने वाला एक भी द्वार न मिला। आपने मेरी आँखें ठीक कर दी हैं; अब मैं सर्वत्र द्वारों को देखता हूँ: फूलों के हृदयों में, मित्रता की वाणियों में, सुन्दर अनुभवों की स्मृतियों में। मेरी प्रार्थना का प्रत्येक झोंका आपकी उपस्थिति के विशाल मन्दिर के एक नये प्रवेश-द्वार को खोल देता है।

*—श्री श्री परमहंस योगानन्द,*

***"Whispers from Eternity"***

आध्यात्मिक पथ तलवार की धार के समान है। वह सरल तो कदापि नहीं है। महानता और ईश्वर-साक्षात्कार को पाने का मूल्य है, एकान्त। जब मैं एकान्त में होता हूँ, मैं ईश्वर के साथ होता हूँ। तुम्हें उसी प्रकार बनना है।

*—श्री श्री परमहंस योगानन्द,*
*शिष्यों को दिये एक प्रवचन में*

दूसरों के साथ अत्यधिक मेलजोल न रखो। जब तक मित्रता ईश्वर के लिये पारस्परिक प्रेम पर आधारित न हो, यह हमें सन्तुष्ट नहीं करती। दूसरों से प्रेमभाव पाने की हमारी मानवीय इच्छा, वास्तव में आत्मा की परमात्मा के साथ एकाकार होने की इच्छा है। उस इच्छा को हम बाह्य रूप से जितना अधिक सन्तुष्ट करने की चेष्टा करते हैं, हमारी प्रभु को पाने की सम्भावना उतनी ही कम हो जाती है।

*—श्री श्री परमहंस योगानन्द,*
*"परमहंस योगानन्द के वचनामृत"*

अपने आध्यात्मिक जीवन की एक दैनंदिनी रखिये। मैं यह लिखकर रखता था कि मैंने प्रतिदिन कितनी देर तक ध्यान किया और ध्यान में कितना गहरा गया। जितना अधिक हो सके, एकान्त में रहिये। अपने खाली समय को दूसरों के साथ केवल सामाजिक उद्देश्यों में नष्ट मत कीजिये। दूसरों की संगति में ईश्वर के प्रेम को पाना कठिन है।

*—श्री श्री परमहंस योगानन्द,*
*"मानव की निरन्तर खोज"*

एक शिष्य ने परमहंस योगानन्दजी से कहा, "मैं ईश्वर के साथ एकाकी रहने के लिये पहाड़ों पर जा रहा हूँ।"

परमहंसजी ने उत्तर दिया, "ऐसा करने से तुम आध्यात्मिक प्रगति नहीं कर पाओगे। तुम्हारा मन अभी तक परमात्मा पर गहरी एकाग्रता से ध्यान करने के लिये तैयार नहीं हो पाया है। भले ही तुम किसी गुफ़ा में रहो, फिर भी तुम्हारे विचार अधिकांशतः लोगों की स्मृतियों तथा सांसारिक मनोरंजनों पर ही टिके रहेंगे। नित्य ध्यान करने के साथ-साथ अपने सांसारिक कर्त्तव्यों को सहर्ष पूरा करना श्रेष्ठतर मार्ग है।"

*—श्री श्री परमहंस योगानन्द,*
*"परमहंस योगानन्द के वचनामृत"*

जब तक तुम ईश्वर को पा नहीं लेते, मनोरंजनों में रूचि न रखना ही अच्छा है। मनोरंजन खोजने का अर्थ है भगवान् को भूल जाना। पहले प्रभु से प्रेम करना और प्रभु को जानना सीख लो। उसके बाद तुम जो भी करो उससे फर्क नहीं पड़ेगा, क्योंकि वे सदा तुम्हारे विचारों में बने रहेंगे।

*—श्री श्री परमहंस योगानन्द,*
*"परमहंस योगानन्द के वचनामृत"*

एक दूसरे के साथ सदा परिहास न करते रहो। भीतर से आनन्दित एवं प्रफुल्लित रहो। जिन अनुभूतियों को तुमने प्राप्त किया है उन्हें निरर्थक बातों में क्यों नष्ट करते हो? शब्द बन्दूक की गोलियों की तरह होते हैं: जब तुम उनका बल निरर्थक वार्तालाप में गँवा देते हो, तो बारूद की तुम्हारी आन्तरिक आपूर्ति नष्ट हो जाती है। तुम्हारी चेतना एक पात्र की तरह है: जब तुम उसे ध्यानजनित शान्ति के दूध से भर लेते हो तो तुम्हें उसे वैसे ही रखना चाहिये। परिहास प्रायः एक झूठा मनोरंजन होता है, जो तुम्हारे दूध के पात्र में छेद कर देता है और तुम्हारी शान्ति के सारे दूध को बाहर बहा देता है।

*—श्री श्री परमहंस योगानन्द,*
*शिष्यों को दिये एक प्रवचन में*

आन्तरिक रूप से एकान्त में रहिये। लक्ष्यहीन जीवन मत बिताइये, जैसा इतने सारे लोग बिताते हैं। ध्यान कीजिये और अच्छी पुस्तकें अधिक पढ़िये।...कभी-कभार सिनेमा चले जाना या लोगों में थोड़ा घुलमिल लेना ठीक है, परन्तु अधिकतर अलग रहिये और अपने अन्तर् में स्थित रहिये।...एकान्त का आनन्द उठाइये; परन्तु जब आप दूसरों से मिलना चाहें तब पूरे प्रेम एवं मित्रता के साथ उनसे मिलिये ताकि वे लोग आपको भूल न पायें, बल्कि सदा यह याद रखें कि वे किसी ऐसे व्यक्ति से मिले थे जिससे उन्हें प्रेरणा मिली और जिसने उनके मन को ईश्वर की ओर मोड़ दिया।

*—श्री श्री परमहंस योगानन्द,*
*"मानव की निरन्तर खोज"*

वास्तविक रूप से धर्म का पालन ध्यान में स्थिर बैठकर ईश्वर से वार्तालाप करने में निहित है। परन्तु आप गहनता के उस बिन्दु तक नहीं पहुँचते, आप अपने मन को पर्याप्त रूप से एकाग्र नहीं करते, और इसी कारण आप अविद्या में रहते हैं।

*—श्री श्री परमहंस योगानन्द,*
*"मानव की निरन्तर खोज"*

श्रीयुक्तेश्वरजी का स्वाभाविक मौन उनकी गहरी ईश्वरानुभूति का परिणाम था। आत्म-साक्षात्कारविहीन गुरु जिन "अलौकिक प्रदर्शनों" में दिन-रात व्यस्त रहते हैं, उनके प्रदर्शन के लिये उनके पास कोई समय नहीं था। हिन्दू शास्त्रों में कहा है: "छिछले मन में तुच्छ विचारों की मछली खूब फड़कती है, पर समुद्र के समान गम्भीर मन को प्रेरणा का महामत्स्य (Whale) भी विक्षुब्ध नहीं करता।"

*—श्री श्री परमहंस योगानन्द,*
*"योगी कथामृत"*

आप जो ध्यान में सीखते हैं, उसका कार्य एवं वार्तालाप में अभ्यास कीजिये; किसी को भी आपको उस शान्त अवस्था से विचलित न करने दें। अपनी शान्ति को बनाये रखें।...व्यर्थ बातचीत में बहुमूल्य समय तथा ऊर्जा नष्ट न करें। मौन में भोजन करें; मौन में कार्य करें। ईश्वर को मौन पसन्द है।

*—श्री श्री परमहंस योगानन्द,*
*योगदा सत्संग पाठ*

अपने आन्तरिक परिवेश का निर्माण कीजिये। मौन का अभ्यास कीजिये। मुझे महान् गुरुओं का अद्‌भुत अनुशासन याद आता है। जब हम व्यर्थ बातों में लगे रहते, तो वे कहते: "अपने आन्तरिक गढ़ में वापस जाओ।" तब वह समझना बड़ा कठिन मालूम पड़ता था, परन्तु अब शान्ति के उस मार्ग को समझता हूँ जो हमें दिखाया गया था।

*—श्री श्री परमहंस योगानन्द,*
*योगदा सत्संग पाठ*

मेरी शान्ति, एक विस्तारित होते हुए मण्डल की भाँति, सब ओर फैलती है।

मेरी शान्ति एक रेडियो के गीत की तरह फैलती है–ऊपर, नीचे, बायें और दायें, अन्तर् में और बाहर।

मेरी शान्ति परमानन्द के एक दावानल की भाँति फैलती है; जिसमें दुःख की घनी झाड़ियाँ और गर्व के ऊँचे वृक्ष, सभी जलकर खाक हो जाते हैं।

आकाशतत्त्व की तरह, मेरी शान्ति, प्रत्येक वस्तु से होकर निकलती है और पृथ्वी, अणु-परमाणु, एवं तारों के गीतों को प्रभु के अनन्त भवन के दालानों में पहुँचा देती है।

*—श्री श्री परमहंस योगानन्द,*
*"Metaphysical Meditations"*

किसी भी महत्त्वपूर्ण निर्णय को लेने से पूर्व आपको मौन में बैठकर, परमपिता से उनके आशीर्वाद के लिये प्रार्थना करनी चाहिये। तब आपकी शक्ति के पीछे ईश्वर की शक्ति, आपके मन के पीछे ईश्वर का मन, एवं आपकी इच्छा-शक्ति के पीछे उनकी इच्छा-शक्ति होगी।

*—श्री श्री परमहंस योगानन्द,*
*"सफलता का नियम"*

मौन की गहराइयों से परमानन्द का झरना निरन्तर फूटता है और मनुष्य के अस्तित्व पर प्रवाहित होता है।

*—श्री श्री परमहंस योगानन्द,*
*"परमहंस योगानन्द के वचनामृत"*

एक शिष्य-मण्डली से गुरुदेव ने कहा: "मैं जानता हूँ कि यदि मेरे पास कुछ भी नहीं होता, तब भी मैंने तुम सब में ऐसे मित्र पाये हैं जो मेरे लिये सब कुछ कर सकते हैं। और तुम जानते हो कि मुझमें तुम्हें एक ऐसा मित्र मिला है जो हर तरह से तुम्हारी सहायता करेगा। हम एक-दूसरे में ईश्वर को देख रहे हैं। यह सबसे सुन्दर सम्बन्ध है।"

*—श्री श्री परमहंस योगानन्द,*
*"परमहंस योगानन्द के वचनामृत"*

जीवन मुख्यतः सेवारूप होना चाहिये। उस आदर्श के बिना, प्रभु के द्वारा आपको दी गई बुद्धि अपने लक्ष्य की ओर नहीं बढ़ पाती। जब सेवा में आप अपने क्षुद्र अहं को भूल जायेंगे, तब आप परमात्मा के विराट् स्वरूप का अनुभव करेंगे।

*—श्री श्री परमहंस योगानन्द,*
*एक "Para-gram" में*

शिष्यों की एक मण्डली से: "तुम सबको आपस में उसी प्रकार प्रेम एवं एक-दूसरे की सेवा करनी चाहिये, जिस प्रकार तुमने मेरी सेवा की है। मैं सबका सेवक हूँ।"

—*श्री श्री परमहंस योगानन्द,*
*"Paramahansa Yogananda: In Memoriam"*

जिस प्रकार सूर्य की जीवनदायी किरणें सबका पोषण करती हैं, उसी प्रकार आपको निर्धन तथा उपेक्षित लोगों के हृदयों में आशा की किरणें जगानी चाहियें, निराश हृदयों में साहस जगाना चाहिये और जो स्वयं को असफल मानते हैं, उनके हृदयों में नवशक्ति का संचार करना चाहिये। जब आप अनुभव करेंगे कि जीवन कर्त्तव्यों का एक आह्लाददायक संग्राम है और साथ ही एक बीतता हुआ स्वप्न है, और जब आप दूसरों को करूणा एवं शान्ति प्रदान करके उन्हें सुखी करने के आनन्द से भर जायेंगे, तब ईश्वर की दृष्टि में आपका जीवन सार्थक हो जायेगा।

*—श्री श्री परमहंस योगानन्द,*
*एक "Para-gram" में*

हमारा अन्तर्ज्ञान ईश्वर की एक शक्ति है। ईश्वर का मुख नहीं है, फिर भी वे प्रत्येक वस्तु का रसास्वादन करते हैं। उनके हाथ या पाँव नहीं हैं, फिर भी वे समस्त ब्रह्माण्ड का अनुभव करते हैं। कैसे? अन्तर्ज्ञान से, अपनी सर्वव्यापकता से।

मनुष्य साधारणतया अपने बारे में, और जिस संसार में वह रहता है उसके बारे में, ज्ञान प्राप्त करने के लिये अपनी इन्द्रियों पर निर्भर करता है। उसका मन उसकी पाँचों इन्द्रियों द्वारा उसे दी गयीं सूचनाओं के अतिरिक्त और कुछ नहीं जानता। परन्तु महामानव, ज्ञान के लिये अपनी "छठी इन्द्रिय," अपने अन्तर्ज्ञान पर निर्भर करते हैं।

*—श्री श्री परमहंस योगानन्द,*
*"योगदा सत्संग पत्रिका"*

अन्तर्ज्ञान भीतर से आता है; विचार बाहर से। अन्तर्ज्ञान चरम-सत्य को प्रत्यक्ष रूप से दिखाता है; विचार अप्रत्यक्ष रूप से। अन्तर्ज्ञान किसी विलक्षण सामंजस्य द्वारा चरम–सत्य को सम्पूर्णता में देखता है, जबकि विचार उसे अंशों में काट देता है। प्रत्येक व्यक्ति के पास जैसे विचार शक्ति होती है, वैसे ही उसके पास अन्तर्ज्ञान की शक्ति भी होती है। जैसे विचार को विकसित किया जा सकता है, वैसे ही अन्तर्ज्ञान को भी विकसित किया जा सकता है। अन्तर्ज्ञान में हमारा चरम-सत्य से—आनन्द के जगत् से, "विविधता में एकता" से, आध्यात्मिक जगत् को संचालित करने वाले आन्तरिक नियमों से, ईश्वर से, अन्तर्सम्पर्क बना रहता है।

*—श्री श्री परमहंस योगानन्द,*
*"धर्म विज्ञान"*

यह न सोचो कि तर्क द्वारा तुम अनन्त परमात्मा को समझ पाओगे। तर्क केवल गोचर जगत् से सम्बन्धित कार्य-कारण के सिद्धान्त को समझ सकता है। तर्क उस अतीन्द्रिय सत्य तथा कारणरहित परम तत्त्व के स्वरूप को समझने में असमर्थ है।

मनुष्य की सर्वोच्च क्षमता बुद्धि नहीं, बल्कि अन्तर्ज्ञान है, जो आत्मा से तत्काल और स्वयं प्राप्त हुआ ज्ञान है, इन्द्रियों अथवा बुद्धि के अविश्वसनीय माध्यम से नहीं।

*—श्री श्री परमहंस योगानन्द,*
*"परमहंस योगानन्द के वचनामृत"*

अन्तर्ज्ञान वह विवेचनात्मक क्षमता है, जो आपको तर्क की दो धाराओं में से कौन सी उचित है, यह निर्णय करने में समर्थ बनाती है। परिपक्व अन्तर्ज्ञान आपको समस्त ज्ञान का स्वामी बनाता है।

*—श्री श्री परमहंस योगानन्द,*
*एक "Para-gram" में*

यदि हम मन का उचित रूप से उपयोग करें, तो हम समझ सकते हैं कि कैसे ईश्वर मन एवं बुद्धि से परे हैं; तथा कैसे उनके वास्तविक स्वरूप को केवल अन्तर्ज्ञान की शक्ति द्वारा ही जाना जा सकता है। हमें मन एवं बुद्धि के केन्द्र—अधिचेतन मन—के द्वारा ही ब्रह्म-चैतन्य को जानना होगा। प्रभु का अनन्त स्वरूप मनुष्य को अन्तर्ज्ञानात्मक अधिचैतन्य के माध्यम से ही दिखता है। ध्यान में अनुभूत आनन्द समस्त सृष्टि में व्याप्त अनन्त आनन्द की उपस्थिति को उद्घाटित करता है। ध्यान में देखा जाने वाला प्रकाश वह सूक्ष्म प्रकाश है, जिससे हमारा गोचर ब्रह्माण्ड निर्मित हुआ है। इस प्रकाश को देखने के बाद, मनुष्य सृष्टि की समस्त वस्तुओं के साथ अपने एकत्व का अनुभव करता है।

*—श्री श्री परमहंस योगानन्द,*
*"योगदा सत्संग पत्रिका"*

स्वार्थ, उदासीनता, एवं इन्द्रियासक्ति का जंग लग कर खराब हुए अपनी चेतना के पालने को साफ कर और प्रतिदिन के, गहरे, दिव्य ध्यान, आत्मनिरीक्षण और विवेक के द्वारा उसे चमका कर, मैं सर्वव्यापी शिशु क्राइस्ट के आगमन की तैयारी करूँगा। मैं भ्रातृप्रेम, नम्रता, निष्ठा, ईश्वर-साक्षात्कार की इच्छा, इच्छा-शक्ति, आत्म-संयम, वैराग्य एवं निःस्वार्थता के देदीप्यमान आत्मिक गुणों के द्वारा उस पालने का नवीनीकरण करूँगा, ताकि मैं उचित रूप से उस दिव्य शिशु का जन्मोत्सव मना सकूँ।

*—श्री श्री परमहंस योगानन्द,*
*"Metaphysical Meditations"*

आप जिस क्रिसमस भाव का आज अनुभव कर रहे हैं वह आज ही खत्म न हो; बल्कि प्रत्येक रात्रि जब आप ध्यान करें, यह आपके साथ रहे। तब आपके अपने मन के एकान्त में, जब आप सभी चंचल विचारों को दूर कर देंगे, क्राइस्ट चैतन्य [कूटस्थ चैतन्य] प्रकट होगा। यदि हम सब जीसस के भाव का अनुसरण करें तो निश्चित ही प्रतिदिन हम अपने अन्तर् में उनकी उपस्थिति का अनुभव कर पायेंगे।

*—श्री श्री परमहंस योगानन्द,*
*"मानव की निरन्तर खोज"*

तो प्रियजनों! मेरा क्रिसमस नित्य वर्द्धमान शाश्वत आनन्द में सदा चलता ही रहेगा। यदि यह आनन्द सीमित होता, जैसे सांसारिक सुख हैं, तो एक समय ऐसा आता जब सब कुछ समाप्त हो जाता। परन्तु कोई भी सन्त कभी ईश्वर के नित्य-नवीन आनन्द को शेष नहीं कर पायेगा।

*—श्री श्री परमहंस योगानन्द,*
*"मानव की निरन्तर खोज"*

फसलों को उगाने के लिये ज़मीन को जोतते समय समस्त निरूपयोगी घास-पात को नष्ट करने, एवं तब भले ही भूमि बंजर प्रतीत होती हो, परन्तु बोये हुए अच्छे बीजों को पौधों के रूप में अंकुरित होने की प्रतीक्षा के लिये मनुष्य के पास धैर्य होना आवश्यक है। उखाड़ फेंकने में और भी अधिक कठिन, विषय सुखों के प्रति निरर्थक आसक्तियों की खरपतवार जिस चेतना की भूमि पर बढ़ आयी हो, उसे साफ करने में और भी अधिक धैर्य की आवश्यकता होती है। फिर भी जब चेतना की भूमि को साफ किया जाता है, और उसमें सद्‌गुणों के बीज बोये जाते हैं, तो सत्कार्यों के पौधे अंकुरित होते हैं, जो सच्चे सुख के प्रचुर फल प्रदान करते हैं। सर्वोपरि, गहरे ध्यान के द्वारा ईश्वर के साथ सम्पर्क करने, और अपने नश्वर शरीर में छिपी अनश्वर आत्मा के साथ अपना परिचय स्थापित करने के लिये, धैर्य का अभ्यास करें।

*—श्री श्री परमहंस योगानन्द,*
*एक "Para-gram" में*

सत्य तो यह है कि आपको जिसकी खोज है, वह हमेशा आपके साथ ही है, आपके हाथ और पाँव से भी अधिक निकट। किसी भी क्षण वह आपको संसार और व्यक्तिगत निराशा से ऊपर उठा सकता है। प्रभु की धैर्य के साथ प्रतीक्षा कीजिये।

*—श्री ज्ञानमाता,*
*"God Alone : The Life and Letters of a Saint"*

प्रतिदिन आध्यात्मिक पुष्प की तलाश मत कीजिये। बीज बो दीजिये और प्रार्थना एवं सही प्रयास के जल से उसे सींचिये। जब वह अंकुरित हो जाये, तो उसकी देखभाल कीजिये। उसके आसपास उग आने वाली शंका, अनिश्चय, एवं उदासीनता की घास-पात को उखाड़ फेंकते रहिये। किसी सुबह अकस्मात, आप आत्म-साक्षात्कार के अपने चिर-प्रतीक्षित आध्यात्मिक पुष्प के दर्शन करेंगे।

*—श्री श्री परमहंस योगानन्द,*
*एक "Para-gram" में*

आप स्वयं अपने शत्रु हैं और आप इसे जानते भी नहीं।

आप शान्त बैठना नहीं सीखते। आप ईश्वर के लिये समय देना नहीं सीखते। आप अधीर रहते हैं और तुरन्त स्वर्ग को पाने की अपेक्षा करते हैं। इसे आप पुस्तकें पढ़कर या प्रवचनों को सुनकर या लोकोपकारी कार्यों को करके नहीं पा सकते। इसे आप केवल गहरे ध्यान में प्रभु को समय देकर ही प्राप्त कर सकते हैं।

*—श्री श्री परमहंस योगानन्द,*
*"मानव की निरन्तर खोज"*

आइये! हम अतीत के सब दुःखों को भूलकर निश्चय कर लें कि नववर्ष में हम उनके बारे में नहीं सोचेंगे। दृढ़ निश्चय एवं अदम्य इच्छा-शक्ति के साथ हम अपने जीवन, अच्छी आदतों, एवं अपनी सफलताओं का नवीकरण कर लें। गत वर्ष यदि निराशाजनक रूप से बुरा रहा है, तो नववर्ष निश्चित ही आशाजनक रूप से अच्छा होगा।

*—श्री श्री परमहंस योगानन्द,*
*"योगदा सत्संग पत्रिका"*

# उद्देश्य और आदर्श

## योगदा सत्संग सोसाइटी ऑफ़ इण्डिया

### श्री श्री परमहंस योगानन्द, गुरुदेव एवं संस्थापक द्वारा निर्धारित

***श्री श्री स्वामी चिदानन्द गिरि, अध्यक्ष***

ईश्वर की प्रत्यक्ष व्यक्तिगत अनुभूति प्राप्त करने के लिए सुनिश्चित वैज्ञानिक प्रविधियों के ज्ञान का विभिन्न राष्ट्रों में प्रचार करना।

यह शिक्षा देना कि स्वयं-प्रयास के द्वारा मनुष्य के अनित्य चैतन्य को ईश-चैतन्य में विकसित करना जीवन का उद्देश्य है और इस ध्येय की उपलब्धि के लिए योगदा सत्संग मन्दिरों की ईश-संपर्क के लिए स्थापना करना तथा मनुष्य जाति के घरों और हृदयों में ईश्वर के व्यक्तिगत मन्दिरों की स्थापना हेतु प्रोत्साहित करना।

भगवान् श्रीकृष्ण द्वारा उपदिष्ट मूल योग और ईसा मसीह द्वारा उपदिष्ट मूल ईसाई धर्म में मूलभूत एकता और पूर्ण सामंजस्य पर प्रकाश डालना और यह दर्शाना कि सत्य के ये सिद्धान्त सभी सच्चे धर्मों के सामान्य वैज्ञानिक आधार हैं।

एक ही दिव्य राजमार्ग को इंगित करना, जिसकी ओर सच्चे धर्मों के सारे पथ अन्ततः पहुँचाते हैं। वह राजमार्ग ईश्वर का दैनिक, वैज्ञानिक, भक्तिमय ध्यान करना है।

मनुष्य को तीन प्रकार के कष्टों—शारीरिक रोग, मानसिक अशान्ति और आध्यात्मिक अज्ञान—से मुक्त करना।

"सादा जीवन और उच्च विचार" को प्रोत्साहित करना, तथा मानवजाति के मध्य उनकी एकता के शाश्वत आधार—ईश्वर से संबंध—की शिक्षा देकर बन्धुत्व की भावना का प्रचार करना।

शरीर पर मन और मन पर आत्मा की वरिष्ठता प्रतिपादित करना।

बुराई पर भलाई से, दुख पर आनन्द से, क्रूरता पर दया से और अज्ञान पर ज्ञान से विजय पाना।

विज्ञान और धर्म में उनके मूलभूत सिद्धान्तों की एकता के प्रत्यक्ष निरूपण द्वारा सामंजस्य स्थपित करना।

पूर्व और पश्चिम के बीच आध्यात्मिक सौमनस्य का विकास करना और उनके सर्वोत्तम विशिष्ट पहलुओं के आदान प्रदान का समर्थन करना।

अपनी ही वृहद् आत्मा (परमात्मा) के रूप में मानव-जाति की सेवा करना।

# योगदा सत्संग पाठमाला

श्री श्री परमहंस योगानन्द की सभी प्रकाशित रचनाओं में योगदा सत्संग पाठमाला का एक अनोखा स्थान है, क्योंकि इन पाठों में उस सर्वोच्च योग-विज्ञान के सम्पूर्ण विवरण दिये गए हैं जिसके अभ्यास द्वारा आत्म-साक्षात्कार प्राप्त किया जा सकता है। यह प्राचीन योग-विज्ञान क्रियायोग प्रणाली के विशिष्ट सिद्धान्तों तथा इसकी विशिष्ट ध्यान-प्रविधियों में सन्निविष्ट है। (क्रियायोग के बारे में अधिक जानकारी के लिए इस पुस्तक की शब्दावली और *योगी कथामृत* का छब्बीसवाँ अध्याय देखें।)

अंधकारमय युगों के दौरान यह क्रियायोग विज्ञान कई सदियों तक मानवजाति की पहुँच से बाहर चला गया था। आधुनिक युग में इसे पुनरुज्जीवित किया ईश्वर-प्राप्त गुरुओं की एक परम्परा ने—महावतार बाबाजी, लाहिड़ी महाशय, स्वामी श्रीयुक्तेश्वर, तथा परमहंस योगानन्द। परमहंस योगानन्दजी को उनके गुरुदेव तथा उनके परमगुरुओं ने योगदा सत्संग सोसाइटी ऑफ़ इण्डिया/सेल्फ़-रियलाइज़ेशन फ़ेलोशिप द्वारा इस मुक्तिदायक योग-विज्ञान का प्रचार-प्रसार करने का काम सौंपा था।

योगानन्दजी ने अपने जीवनकाल में कई देशों की व्यापक यात्रा की और भारत, अमेरिका, तथा यूरोप में उन्होंने प्रवचन दिए एवं कक्षाए आयोजित कीं। परन्तु वे जानते थे कि जितने लोगों को वे व्यक्तिगत रूप से इन शिक्षाओं के बारे में अवगत करा सकते थे, उससे कहीं अधिक लोग योग-दर्शन तथा ध्यान-योग की ओर आकर्षित होंगे। अतः उन्होंने "संसार भर में फैले योग पिपासुओं के अध्ययन के लिये साप्ताहिक पाठों की श्रृंखला" की परिकल्पना की। इस पाठमाला का उद्देश्य था—जिन शिक्षाओं को उन्होंने अपने गुरु और परम गुरुओं से प्राप्त किया था, उन्हें उनके मूल स्वरूप में लिपिबद्ध कर सब तक पहुँचाना।

योगदा सत्संग पाठमाला में परमहंस योगानन्दजी द्वारा सिखायी गयी एकाग्रता, शक्ति-संचार, और ध्यान की प्रविधियाँ बताई गयी हैं। ये प्रविधियाँ क्रियायोग विज्ञान का अभिन्न अंग हैं। इसके अतिरिक्त, इन बहुसमावेशी पाठों में वे समस्त विषय भी शामिल हैं जिन पर परमहंसजी ने अपने प्रवचनों एवं कक्षाओं में व्याख्या की थी। इसके साथ-ही-साथ इन पाठों में शरीर, मन, और आत्मा की सन्तुलित समृद्धि प्राप्त करने का उनका प्रेरणादायक तथा व्यावहारिक मार्गदर्शन भी उपलब्ध है।

एक निर्धारित समय तक पाठों का अध्ययन और अभ्यास करने के पश्चात् योगदा सत्संग पाठमाला के सदस्य उन्नत क्रियायोग ध्यान-प्रविधि की दीक्षा प्राप्त करने के लिए निवेदन कर सकते हैं। इस प्रविधि के कुछ विवरण इस पुस्तक में दिए गए हैं।

इन पाठों के बारे में अधिक जानकारी के लिए "अकल्पनीय सम्भावनाएँ" नामक परिचय साहित्य पढ़ें। इस पुस्तक को आप योगदा सत्संग सोसाइटी से डाक द्वारा या हमारी वेबसाईट से भी (www.yssofindia.org) निःशुल्क प्राप्त कर सकते हैं।

*"जो लोग आन्तरिक आध्यात्मिक सहायता के लिए योगदा सत्संग सोसाइटी ऑफ़ इण्डिया के पास आए हैं, वे जो कुछ भी खोज रहे हैं उसे वे ईश्वर से प्राप्त करेंगे। चाहे वे मेरे शरीर के रहते आएँ, या बाद में, योगदा गुरुओं की परम्परा के माध्यम से ईश्वर की शक्ति उन तक पहुँचेगी और उनकी मुक्ति का कारण बनेगी।"*

—श्री श्री परमहंस योगानन्द

*योगदा सत्संग सोसाइटी ऑफ़ इण्डिया द्वारा प्रकाशित...*

# योगी कथामृत

## द्वारा श्री श्री परमहंस योगानन्द

"शताब्दी की श्रेष्ठतम एक सौ आध्यात्मिक पुस्तकों" में चुनी गयी यह लोकप्रिय आत्मकथा हमारे युग की एक महान् आध्यात्मिक विभूति की अत्यन्त चित्ताकर्षक छवि प्रस्तुत करती है। मन को मोह लेने वाली सुस्पष्टता, वाक्पटुता और हास्यरस युक्त भाषा कौशल का श्री श्री परमहंस योगानन्द ने अपने जीवन के इस प्रेरणाप्रद वृत्तान्त का वर्णन करने में प्रयोग किया है — उनके विलक्षण बचपन के अनुभव, किसी ब्रह्मज्ञानी गुरू की उत्साही खोज में सारे भारत भर के अनेक सन्तों एवं ज्ञानियों से उनकी मुलाकातें, अपने गुरु के आश्रम में दस वर्षों का प्रशिक्षण, और वे तीस वर्ष जो उन्होंने अमेरिका में अपनी शिक्षाओं का प्रचार करते हुए बिताए। इसमें महात्मा गाँधी, रवीन्द्रनाथ टैगोर, लूथर बरबैन्क, कैथोलिक सन्त थेरेसे नॉयमन और अनेक विख्यात पौर्वात्य तथा पाश्चात्य आध्यात्मिक विभूतियों से उनकी मुलाकातों का भी वर्णन है।

*योगी कथामृत* एक असाधारण जीवन का अत्यंत सुन्दर ढंग से लिखा गया वर्णन भी है और साथ ही योग के प्राचीन विज्ञान और उसकी ध्यान की चिरप्रचलित परम्परा का गहन परिचय भी है। इसमें लेखक महोदय दैनंदिन मानव जीवन की साधारण घटनाओं एवं साधारणतया चमत्कार कहे जाने वाली

असाधारण घटनाओं के पीछे कार्यरत सूक्ष्म किन्तु सुनिश्चित नियमों को विस्तृत रूप से स्पष्ट करते हैं। इस प्रकार उनकी मंत्रमुग्ध कर देने वाली जीवन गाथा मानव अस्तित्व के अन्तिम रहस्यों का अन्तर्वेधी एवं अविस्मरणीय झलक प्रदान करने के लिए पृष्ठभूमि बन जाती है।

आधुनिक काल का आध्यात्मिक गौरव ग्रन्थ मानी जाने वाली यह पुस्तक पैंतालीस से भी अधिक भाषाओं में अनुवादित हो चुकी है तथा अब विश्व भर में कई महाविद्यालयों और विश्वविद्यालयों में पाठ्य-पुस्तक तथा संदर्भ-ग्रन्थ के रूप में प्रयोग में लायी जा रही है। सत्तर बर्षों से भी अधिक पहले, जब यह प्रथम बार अंग्रेजी में प्रकाशित हुई थी, तभी से अब तक लोकप्रियता के शिखर पर आसीन इस पुस्तक ने विश्वभर में लाखों लोगों के हृदयों में अपना स्थान बना लिया है।

**"इस ज्ञानी महात्मा की यह आत्मकथा पाठक को मंत्रमुग्ध कर देती है।"** *—द टाइम्स ऑफ़ इण्डिया*

**"एक अनुपम वृत्तान्त।"** *—द न्यू यॉर्क टाइम्स*

**"सुस्पष्ट टिप्पणियों सहित दिया गया मनमोहक चिन्तन।"** *—न्यूज़वीक*

**"योग की इस प्रस्तुति के समान अंग्रेजी या किसी भी अन्य यूरोपीय भाषा में आज तक कुछ भी कभी लिखा नहीं गया।"** *—कोलम्बिया युनिवर्सिटी प्रेस*

## Books by Paramahansa Yogananda

- योगी कथामृत
- जहाँ है प्रकाश
- सफलता का नियम
- जीने की कला
- धर्म विज्ञान
- Journey to Self-realization
- Inner Peace
- Living Fearlessly
- Songs of the Soul
- To be Victorious in Life
- Developing Dynamic Will
- Who Made God?
- Man's Greatest Adventure
- मानव की निरन्तर खोज
- परमहंस योगानन्द के वचनामृत
- ईश्वर से वार्तालाप की विधि
- मानसिक अशान्ति—कारण एवं निवारण
- The Divine Romance
- In the Sanctuary of the Soul
- Whispers from Eternity
- Metaphysical Meditations
- Wine of the Mystic
- Words of Cosmic Chants
- Seek God Now
- Increasing the Power of Initiative
- Scientific Healing Affirmations
- The Universality of Yoga
- Habit—Your Master or Your Slave?
- Why God Permits Evil and How to Rise Above It
- Autobiography of a Yogi (MP3 Audiobook, read *by Sir Ben Kingsley)*
- ईश्वर-अर्जुन संवाद : श्रीमद्भगवद्गीता *(एक नवीन अनुवाद एवं व्याख्या)*
- The Second Coming of Christ: The Resurrection of the Christ Within You—*A Revelatory Commentary on the Original Teachings of Jesus*

## Other Publications From Yogoda Satsanga Society of India

- कैवल्यदर्शनम् : *श्री श्री स्वामी श्रीयुक्तेश्वर गिरि द्वारा*
- केवल प्रेम : नित्य परिवर्तनशील जगत में आध्यात्मिक जीवन शैली *श्री श्री दया माता द्वारा*
- 'मेजदा'' श्री श्री परमहंस योगानन्द का परिवार एवं उनका प्रारम्भिक जीवन *श्री सनन्द लाल घोष द्वारा*
- योगदा सत्संग पत्रिका
- परमहंस योगानन्द—पूर्वी और पाश्चात्य जगत के सम्मानित संत (अमर चित्र कथा प्रकाशन)

- Paramahansa Yogananda: In Memoriam—*Personal Accounts of the Master's Final Days*
- Rajarsi Janakananda—A Great Western Yogi
- Finding the Joy Within You: Personal Counsel for God-Centred Living *by Sri Sri Daya Mata*
- Enter the Quiet Heart: Creating a Loving Relationship With God *by Sri Sri Daya Mata*
- Intuition: Soul-Guidance for Life's Decisions *by Sri Sri Daya Mata*
- Manifesting Divine Consciousness in Daily Life *by Sri Sri Mrinalini Mata*
- Visiting the Saints of India With Sri Daya Mata *by Sri Mrinalini Mata*
- God Alone: The Life and Letters of a Saint *by Sri Gyanamata*
- Two Frogs in Trouble

## Audio Recordings of Paramahansa Yogananda

- Awake in the Cosmic Dream
- Be a Smile Millionaire
- Beholding the one in All
- In the Glory of Spirit
- The Great Light of God
- To Make Heaven on Earth
- One Life Versus Reincarnation
- Removing All Sorrow and Suffering
- Self-Realization: The Inner and the Outer Path
- Songs of My Heart (Chants, Poems, and Prayers)

## Informal Talks by Other Disciples of Paramahansa Yogananda (Audio CDs)

### Sri Sri Daya Mata

- A Heart Aflame
- Anchoring Your Life in God
- Finding God in Daily Life
- Free Yourself from Tension
- God First
- Let Us Be Thankful
- Living a God Centred Life
- Moral Courage
- "My Spirit Shall Live On..."
- Strengthening the Power of the Mind
- A Blessing From Mahavatar Babaji
- Attuning Our Lives to the Guru's Blessings
- Is Meditation on God Compatible with Modern Life?

- Karma Yoga: *Balancing Activity and Meditation*
- The Way to Peace Humility and Love for God
- Understanding the Soul's Need for God

**Sri Sri Mrinalini Mata**

- If You Would Know the Guru: *Remembrances of Life With Sri Sri Paramahansa Yogananda*
- Living in Attunement with the Divine
- Look Always to the Light
- The Guru: Messenger of Truth
- The Interior Life
- Embracing and Sharing the Universal Love of God
- The Yoga Sadhana That Brings God's Love and Bliss

**Swami Anandamoy Giri**

- Is Peace Possible in Today's World?
- Kriya Yoga: Portal to the Infinite
- Loyalty: The Highest Spiritual Law
- The Importance of a True Guru
- Devotion: Understanding Its Deeper Aspects in the Search for God
- Kriya Yoga: Divine Dispensation for Our Awakening Age

**Swami Smaranananda Giri**

- Banat, Banat, Ban Jai
- Deepening Our Practice of Meditation

**Swami Mokshananda Giri**

- Remembrances of the Guru, Sri Sri Paramahansa Yogananda

## DVDs

- The Life of Sri Sri Paramahansa Yogananda: The Early Years in America (1920-1928)
- Finding Divine Peace and Balance *by Sri Sri Daya Mata*
- Him I Shall Follow *by Sri Sri Daya Mata*
- Living in the Love of God *by Sri Sri Daya Mata*
- Opening Your Heart to God's Presence *by Sri Sri Daya Mata*
- Security in a World of Change *by Sri Sri Daya Mata*
- The Love and Wisdom of Sri Sri Paramahansa Yogananda *by Sri Sri Daya Mata*

- Be Messengers of God's Light and Love *by Sri Sri Mrinalini Mata*
- In His Presence: *Remembrances of Life With Sri Sri Paramahansa Yogananda by Sri Sri Mrinalini Mata*
- Portal to the Inner Light: Official Release of Paramahansa Yogananda's *The Second Coming of Christ: The Resurrection of the Christ Within You by Sri Sri Mrinalini Mata*
- Experiencing God Within *by Swami Anandamoy Giri*
- The Wisdom of the Bhagavad Gita *by Swami Anandamoy Giri*
- You Can Know God in This Life *by Swami Anandamoy Giri*
- Your Thoughts Can Change Your Life *by Swami Anandamoy Giri*

***Bhajans sung by Brahmacharini Mirabai:***

- Anjali
- Jai Ma (Set of 2 CDs)
- Shanti Mandir (Set of 2 CDs)
- Arpan (Set of 2 CDs)

***Devotional Chants sung by Sannyasis of YSS:***

- Atma Ki Pukar

ऊपर लिखी किताबों में से कुछ असमिया, बंगाली, गुजराती, कन्नड़, मलयालम, मराठी, नेपाली, उड़िया, पंजाबी, संस्कृत, तमिल, तेलुगु, एवं उर्दू में भी उपलब्ध है। योगदा सत्संग सोसाइटी की किताबों और ऑडियो रिकार्डिंग की पूर्ण सूची के लिए नीचे दिए गये पते पर लिखें, देखें या फोन करें। श्री श्री परमहंस योगानन्द के रंगीन एवं ब्लैक और वाइट चित्र भी उपलब्ध है।

*आपके नज़दीकी बुक स्टोर या नीचे लिखे पते पर उपलब्ध*

**योगदा सत्संग सोसाइटी ऑफ़ इण्डिया**

परमहंस योगानन्द पथ

राँची 834001, झारखण्ड

फ़ोन : (0651) 2460071/72/73/74

+91 9431917444, +91 9431917555

ऑनलाइन ऑर्डर करें : www.yssbooks.org